essentials

Essentials liefern aktuelles Wissen in konzentrierter Form. Die Essenz dessen, worauf es als „State-of-the-Art" in der gegenwärtigen Fachdiskussion oder in der Praxis ankommt. *Essentials* informieren schnell, unkompliziert und verständlich

- als Einführung in ein aktuelles Thema aus Ihrem Fachgebiet
- als Einstieg in ein für Sie noch unbekanntes Themenfeld
- als Einblick, um zum Thema mitreden zu können

Die Bücher in elektronischer und gedruckter Form bringen das Fachwissen von Springerautor*innen kompakt zur Darstellung. Sie sind besonders für die Nutzung als eBook auf Tablet-PCs, eBook-Readern und Smartphones geeignet. *Essentials* sind Wissensbausteine aus den Wirtschafts-, Sozial- und Geisteswissenschaften, aus Technik und Naturwissenschaften sowie aus Medizin, Psychologie und Gesundheitsberufen. Von renommierten Autor*innen aller Springer-Verlagsmarken.

Peter S. Przewieslik

Recht für Immobilienmakler

Peter S. Przewieslik
München, Deutschland

ISSN 2197-6708 ISSN 2197-6716 (electronic)
essentials
ISBN 978-3-658-47790-5 ISBN 978-3-658-47791-2 (eBook)
https://doi.org/10.1007/978-3-658-47791-2

Die Deutsche Nationalbibliothek verzeichnet diese Publikation in der Deutschen Nationalbibliografie; detaillierte bibliografische Daten sind im Internet über https://portal.dnb.de abrufbar.

© Der/die Herausgeber bzw. der/die Autor(en), exklusiv lizenziert an Springer Fachmedien Wiesbaden GmbH, ein Teil von Springer Nature 2025

Das Werk einschließlich aller seiner Teile ist urheberrechtlich geschützt. Jede Verwertung, die nicht ausdrücklich vom Urheberrechtsgesetz zugelassen ist, bedarf der vorherigen Zustimmung des Verlags. Das gilt insbesondere für Vervielfältigungen, Bearbeitungen, Übersetzungen, Mikroverfilmungen und die Einspeicherung und Verarbeitung in elektronischen Systemen.
Die Wiedergabe von allgemein beschreibenden Bezeichnungen, Marken, Unternehmensnamen etc. in diesem Werk bedeutet nicht, dass diese frei durch jede Person benutzt werden dürfen. Die Berechtigung zur Benutzung unterliegt, auch ohne gesonderten Hinweis hierzu, den Regeln des Markenrechts. Die Rechte des/der jeweiligen Zeicheninhaber*in sind zu beachten.
Der Verlag, die Autor*innen und die Herausgeber*innen gehen davon aus, dass die Angaben und Informationen in diesem Werk zum Zeitpunkt der Veröffentlichung vollständig und korrekt sind. Weder der Verlag noch die Autor*innen oder die Herausgeber*innen übernehmen, ausdrücklich oder implizit, Gewähr für den Inhalt des Werkes, etwaige Fehler oder Äußerungen. Der Verlag bleibt im Hinblick auf geografische Zuordnungen und Gebietsbezeichnungen in veröffentlichten Karten und Institutionsadressen neutral.

Springer Gabler ist ein Imprint der eingetragenen Gesellschaft Springer Fachmedien Wiesbaden GmbH und ist ein Teil von Springer Nature.
Die Anschrift der Gesellschaft ist: Abraham-Lincoln-Str. 46, 65189 Wiesbaden, Germany

Wenn Sie dieses Produkt entsorgen, geben Sie das Papier bitte zum Recycling.

Was Sie in diesem *essential* finden können

- Welche Bedeutung kommt dem Makler bei Immobilientransaktionen zu?
- Was muss ein Makler im Rahmen seiner Berufsausübung beachten?
- Wie entsteht und wann entfällt der Courtageanspruch des Maklers?
- Welche Besonderheiten sind bei Wohnimmobilien zu beachten?

Vorwort

Wer in der Immobilienbranche tätig ist – sei es aufseiten des „*Suchenden*" oder aber des „*Anbieters*" – sieht sich in den meisten Fällen mit Maklern konfrontiert.

Diese Berufsbranche genießt einen durchaus umstrittenen Ruf und sieht sich dem Vorwurf ausgesetzt, ohne nennenswerte Qualifikation mit wenig Einsatz durch die schlichte Benennung von Kontaktdaten – teilweise noch nicht einmal mit entsprechendem Auftrag eines der Protagonisten – erhebliche Einkommen zu generieren.

Diese pauschale und negative Wertung wird dem Berufsbild indes nicht gerecht. Zwar handelt es sich um einen freien Beruf, der lediglich einer Gewerbeanmeldung gemäß § 34c GewO bedarf und die dort normierten Voraussetzungen erfordert, allerdings nicht über einen spezifischen Ausbildungsberuf mit staatlichen Abschlussprüfungen. Dessen ungeachtet hat der Makler jedoch eine Vielzahl unterschiedlicher rechtlicher Parameter bei der Ausübung seines Berufs zu beachten. Verstöße gegen dieselben ziehen gravierende Folgen nach sich, sind sie doch partiell als Ordnungswidrigkeitentatbestände teilweise sogar als Straftatbestände ausgebildet. Überdies verfügt ein Makler oftmals über lokale Marktkenntnisse, welche gerade national agierenden Unternehmen nicht bekannt sind oder aber nicht bekannt sein können. So erweist sich gerade im Bereich von Spezialimmobilien, wie beispielsweise Pflegeimmobilien, die stets entscheidende Standortfrage noch kritischer als ohnehin im Immobiliengeschäft, sodass sich fundiertes Makler Know-how durchaus für einen Investor oder aber Entwickler als gewinnbringend erweisen kann. Die sogenannten „*schwarzen Schafe*" finden sich bekanntlich in jeder Berufsgruppe.

Dieses *essential* widmet sich unter anderem den grundlegenden rechtlichen Anforderungen bei der Ausübung des Maklerberufes, dem Zustandekommen von Maklerverträgen sowie dem Entstehen sowie Verlust der Malercourtage.

München
im Januar 2025

Peter S. Przewieslik
Rechtsanwalt

Inhaltsverzeichnis

1 **Einführung** 1
2 **Pflegeimmobilien als Gegenstand eines Maklervertrages** 3
3 **Welche rechtlichen Rahmenvorgaben hat ein Makler zu beachten?** 5
   3.1   Gebäudeenergiegesetz – GEG 5
   3.2   Gesetz gegen den unlauteren Wettbewerb – UWG 8
   3.3   Gewerbeordnung – GewO 9
   3.4   Makler- und Bauträgerverordnung – MaBV 12
   3.5   Preisangabenverordnung (PAngV) 14
   3.6   Gesetz über außergerichtliche Rechtsdienstleistungen – RDG ... 15
   3.7   Wohnungseigentumsgesetz – WEG 16
   3.8   Wohnungsvermittlungsgesetz – WoVermG 18
   3.9   Geldwäschegesetz – GwG 19
   3.10   Urheberrechtsgesetz – UrhG 21
4 **Der Maklervertrag** 23
   4.1   Arten des Maklervertrages 23
         4.1.1   Einfacher Maklervertrag 23
         4.1.2   Alleinmaklervertrag 24
         4.1.3   Qualifizierter Alleinmaklervertrag 25
   4.2   Abschluss eines rechtswirksamen Maklervertrages 25
         4.2.1   Form des Vertrages 26
         4.2.2   Schriftlicher/Mündlicher Vertragsabschluss – Einigung über die Essentialia Negotii 28
         4.2.3   Konkludenter Vertragsabschluss 29

	4.2.4	Laufzeit und Beendigung des Vertrages	30
	4.2.5	Provisionshöhe – Vertragsfreiheit	31
	4.2.6	Entstehung/Fälligkeit des Courtageanspruches	33
	4.2.7	Rechtswirksamkeit Maklervertrag	34
	4.2.8	Fehlerquelle: Vereinbarung einer „Vertragsstrafe", „Bindungsentgelts" etc	35
4.3	Maklertätigkeit		37
	4.3.1	Nachweistätigkeit	37
	4.3.2	Vermittlungstätigkeit	38
4.4	Kausalität		39
	4.4.1	Zeitlicher Zusammenhang	39
	4.4.2	Mehrere Makler	39
	4.4.3	Vorkenntnis	40
4.5	Hauptvertrag		40
	4.5.1	Abschluss	40
	4.5.2	Identität	41
	4.5.3	Genehmigung	42
	4.5.4	Nichtigkeit des Hauptvertrages	42
	4.5.5	Anfechtung des Hauptvertrages	42
	4.5.6	Rücktritt vom Kaufvertrag	42
	4.5.7	Widerrufsrecht bei Maklerverträgen	43
4.6	Entfall der Courtage		45
4.7	Aufwendungsersatz		47

Was Sie aus diesem *essential* mitnehmen können 49

Einführung 1

Die Immobilienwirtschaft ist – gesamthaft betrachtet – von eminenter wirtschaftlicher Bedeutung.

Betrachtet man selbige im Rahmen einer weit umfassten Definition (d. h. inkl. der Leistungen von Architekten, Planingenieuren, Kreditinstituten, Beratern und Bauunternehmen) betrug die Bruttowertschöpfung im Jahr 2023 mehr als Euro 730 Mrd. (Quelle: ZIA Zentraler Immobilien Ausschuss e. V./https://zia-deutschland.de/).

Eine grobe Differenzierung kann in diesem Kontext unter anderem in Wirtschaftsimmobilien (so beispielsweise in Form von Büro-, Einzelhandels-, Hotel-, Logistik- und Unternehmensimmobilien) sowie in Wohnimmobilien vorgenommen werden.

Erstgenannte bilden die Basis erwerbswirtschaftlichen Handelns. Wohnimmobilien dienen demgegenüber einem der primären menschlichen Grundbedürfnisse mit verfassungsrechtlich geschütztem Rang. Wie das Bundesverfassungsgericht bereits in seinem Beschluss vom 26. Mai 1993 (1 BvR 208/93) festgehalten hat, ist das aus dem Mietvertrag folgende Besitzrecht des Mieters an der gemieteten Wohnung als Eigentum i. S. von Art. 14 Abs. 1 Satz 1 GG anzusehen.

Ausgehend von den wirtschaftlichen Rahmendaten und ihrem ständigen progressierenden Verlauf in der Vergangenheit nimmt es sich daher nicht als überraschend aus, dass auch die Anzahl der Makler bzw. Maklerbüros stetig gewachsen ist, welche sich eine Teilhabe an diesem Wachstumsmarkt sichern wollen.

Der Autor Peter S. Przewieslik (General Counsel der Fondara Immobilien AG, Partner der Kanzlei trustberg. und Dozent für Immobilienrecht an der Hochschule Fresenius, Hamburg) steht interessierten Leserinnen und Lesern hierzu natürlich sehr gerne mit Rat und Tat zur Verfügung. Rückfragen gerne an Peter S. Przewieslik unter peter.przewieslik@trustberg.com.

Pflegeimmobilien als Gegenstand eines Maklervertrages

Pflegeimmobilien sind Sonderimmobilien. Um erfolgreich entsprechende Entwicklungstätigkeiten zu entfalten oder Investitionen in diese Assetklasse zu tätigen, empfiehlt es sich, über detaillierte (Markt-)Kenntnisse zu verfügen. Diese beziehen sich zunächst einmal auf bundes- sowie spezielle landesrechtlichen Vorgaben; exemplarisch sei für Bayern auf das Gesetz zur Regelung der Pflege-, Betreuungs- und Wohnqualität im Alter und bei Behinderung (Pflege- und Wohnqualitätsgesetz – PfleWoqG) sowie die Verordnung zur Ausführung des Pflege- und Wohnqualitätsgesetzes und Weiterbildung in der Pflege und Hebammenkunde (AVPfleWoqG) verwiesen. Weiter ist das Augenmerk vorsorglich auf die präzise Lokalisation der Pflegeimmobilie und deren Umfeld zu richten, um insbesondere den Fällen einer potenziellen Drittverwendung Rechnung zu tragen. Schlussendlich bedarf es gerade auch in Hinblick auf den Betreiber einer Pflegeimmobile vertiefter Marktkenntnisse. Gerade die jüngste Vergangenheit mit ihrer Vielzahl von Betreiberinsolvenzen haben gezeigt, dass neben den annuitätischen Mieteinnahmen auch die Marktpositionierung des – örtlich oder bundesweit agierenden – Betreibers eines der wesentlichen Investitions- bzw. Finanzierungskriterien darstellt. Denn im Gegensatz zu mehr oder weniger standardisierten Büroräumlichkeiten sind Pflegeimmobilien zumeist auf einen einzelnen Betreiber zugeschnitten und können somit nicht zwangsläufig zeitnah durch Vermietung an ein neues Unternehmen einer weiteren Nutzung zugeführt werden.

Welche rechtlichen Rahmenvorgaben hat ein Makler zu beachten? 3

Die Tätigkeit des Maklers erstreckt sich – entgegen landläufiger Meinung – gerade nicht „*auf das schlichte Zurufen respektive Übersendung eines Namens oder Objektes*". Derjenige, welcher meint, „*mal auf die Schnelle ein Objekt zu vermarkten und dabei das große Geld zu verdienen*", wird sich schneller mit Bußgeldern oder aber sogar strafrechtlichen Restriktionen auseinandergesetzt sehen, als ihm lieb und bewusst sein dürfte.

Der Makler hat nämlich eine Vielzahl unterschiedlichster rechtlicher Regelungen und Vorgaben zu beachten, welche bereits vor Aufnahme seiner Geschäftstätigkeit Platz greifen und bis über die Beendigung der Kundenbeziehung reichen. Diese sind nicht nur im Besonderen Teil des Bürgerlichen Gesetzbuches (BGB), dort den §§ 652 ff., beinhaltet, sondern zudem auch in einer Vielzahl weiterer Spezialgesetze (Abb. 3.1).

Im Rahmen dieses *Essentials* ist es naturgemäß nicht möglich, sich mehr oder weniger intensiv mit sämtlichen bestehenden Regelungen sowie den einzelnen Rechtsnormen auseinanderzusetzen. Daher erfolgt nachfolgend lediglich eine exemplarische Auseinandersetzung mit einzelnen der in Abbildung zwei aufgeführten Normenkataloge.

3.1 Gebäudeenergiegesetz – GEG

Das Gesetz zur Einsparung von Energie und zur Nutzung erneuerbarer Energien zur Wärme- und Kälteerzeugung in Gebäuden (GEG) vom 08. August 2020 soll einen wesentlichen Beitrag zur Erreichung der nationalen Klimaschutzziele

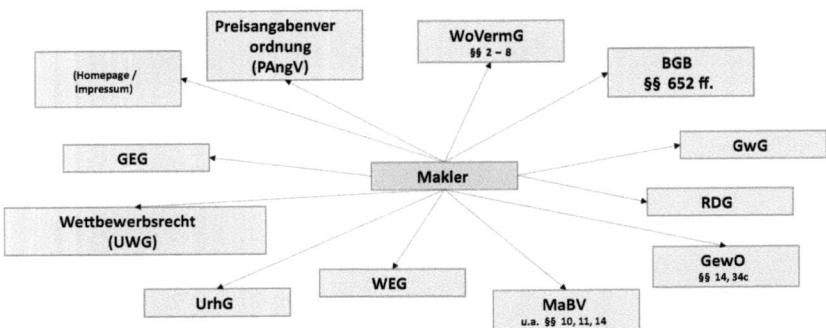

Abb. 3.1 Übersicht Rahmenvorgaben

leisten und dem möglichst sparsamen Einsatz von Energie in Gebäuden einschließlich einer zunehmenden Nutzung erneuerbarer Energien zur Erzeugung von Wärme, Kälte und Strom für den Gebäudebetrieb dienen.

Der Gesetzgeber hat insoweit einen umfangreichen Pflichtenkatalog normiert, welcher sich nicht nur an Gebäudeeigentümer, sondern auch an die Personengruppe der Immobilienmakler richtet, so beispielsweise in den §§ 80, 87 GEG.

So ist gemäß § 80 Absatz 1 GEG *(Ausstellung und Verwendung von Energieausweisen)* bei Errichtung eines Gebäudes ein Energiebedarfsausweis unter Zugrundelegung der energetischen Eigenschaften des fertiggestellten Gebäudes auszustellen, wobei der Eigentümer sicherzustellen hat, dass der Energieausweis unverzüglich nach Fertigstellung des Gebäudes ausgestellt und ihm der Energieausweis oder eine Kopie hiervon übergeben wird. Wie sich weiter aus § 80 Absatz 3 GEG ergibt, ist – sofern ein mit einem Gebäude bebautes Grundstück oder Wohnungs- oder Teileigentum verkauft, ein Erbbaurecht an einem bebauten Grundstück begründet oder übertragen oder ein Gebäude, eine Wohnung oder eine sonstige selbständige Nutzungseinheit vermietet, verpachtet oder verleast werden soll – ein Energieausweis auszustellen, wenn nicht bereits ein gültiger Energieausweis für das Gebäude vorliegt.

§ 80 Absatz 4 GEG wendet sich sodann neben dem Verkäufer auch an den Immobilienmakler, welche im Falle eines Verkaufs oder der Bestellung eines Rechts im Sinne des Absatzes § 80 Absatz 3 Satz 1 GEG dem potenziellen Käufer spätestens bei der Besichtigung einen Energieausweis oder eine Kopie

3.1 Gebäudeenergiegesetz – GEG

hiervon vorzulegen haben. Dieser Pflicht kann auch durch einen deutlich sichtbaren Aushang oder ein deutlich sichtbares Auslegen während der Besichtigung Genüge getan werden; im Falle einer fehlenden Besichtigung haben der Verkäufer oder der Immobilienmakler den Energieausweis oder eine Kopie hiervon dem potenziellen Käufer unverzüglich vorzulegen, spätestens jedoch dann, wenn der potenzielle Käufer zur Vorlage auffordert.

In § 87 Absatz 1 GEG *(Pflichtangaben in einer Immobilienanzeige)* hat der Gesetzgeber Pflichtangaben in einer Immobilienanzeige – und damit einem der wesentlichen Werbemedien eines Immobilienmaklers – normiert, welche sich auf den Energieausweis beziehen, zumindest, sofern ein solcher zu diesem Zeitpunkt bereits vorliegt. So ist sicherzustellen, dass in derselben die Art des Energieausweises (Energiebedarfsausweis im Sinne von § 81 oder Energieverbrauchsausweis im Sinne von § 82 GEG); der im Energieausweis genannte Wert des Endenergiebedarfs oder des Endenergieverbrauchs für das Gebäude; die im Energieausweis genannten wesentlichen Energieträger für die Heizung des Gebäudes; bei einem Wohngebäude das im Energieausweis genannte Baujahr und bei einem Wohngebäude die im Energieausweis genannte Energieeffizienzklasse, beispielsweise die Art des Energieausweises oder aber bei einem Wohngebäude das im Energieausweis genannte Baujahr angegeben werden.

Um die Einhaltung der rechtlichen Rahmenvorgaben zu sichern, greift der Gesetzgeber in § 108 GEG *(Bußgeldvorschriften)* auf das Instrumentarium der Verhängung von Ordnungsgeldern zurück. So handelt gemäß § 108 Absatz 1 Nummern 23, 24, 25 respektive 27 GEG, ordnungswidrig, wer vorsätzlich oder leichtfertig gegen die dort im Einzelnen in Bezug genommenen Vorgaben der §§ 80, 87 GEG verstößt. Ein Verstoß gegen die aufgegebenen Pflichten kann gemäß § 108 Absatz 2 GEG mit einer durchaus empfindlichen Geldbuße bis zu zehntausend Euro geahndet werden.

Es kann daher einem Makler vor Schaltung einer Immobilienanzeige in kommerziellen Medien oder aber im Rahmen von Verkaufsmandaten nur dringend anempfohlen werden, sich mit den für ihn relevanten Vorschriften des GEG auseinanderzusetzen und insbesondere entsprechende Erkundigungen bei seinem Auftraggeber zu erholen sowie die für den Einzelfall relevanten Unterlagen erstellen sowie übergeben zu lassen.

3.2 Gesetz gegen den unlauteren Wettbewerb – UWG

Die meisten Maklern, welche sich nicht oder aber nicht hinreichend mit den für sie geltenden berufsspezifischen gesetzlichen Normen auseinandergesetzt haben, werden mitunter in für sie überraschender Art und Weise mit dem Gesetz gegen den unlauteren Wettbewerb (UWG) konfrontiert.

Wie sich aus § 1 UWG *(Zweck des Gesetzes; Anwendungsbereich)* ergibt, sucht der Gesetzgeber durch entsprechende Vorgaben Mitbewerber, Verbraucher sowie sonstige Marktteilnehmer vor unlauteren geschäftlichen Handlungen und zugleich das Interesse der Allgemeinheit an einem unverfälschten Wettbewerb zu schützen.

Gemäß § 3 Absatz 1 UWG *(Verbot unlauterer geschäftlicher Handlungen)* sind unlautere geschäftliche Handlungen unzulässig. Unlauter handelt gemäß § 3 Absatz 2 UWG beispielsweise, wer geschäftliche Handlungen, die sich an Verbraucher richten oder diese erreichen, vornimmt, wenn sie nicht der unternehmerischen Sorgfalt entsprechen und dazu geeignet sind, das wirtschaftliche Verhalten des Verbrauchers wesentlich zu beeinflussen. Weiter hat der Gesetzgeber in § 3 Absatz 3 UWG den Verweis auf eine Anlage zum Gesetz vorgenommen, welche einzelne geschäftliche Handlungen aufführt und die gegenüber Verbrauchern stets als unzulässig anzusehen sind. Überdies ist der sogenannte Rechtsbruch gemäß § 3a UWG als unlauter anzusehen, der in dem Zuwiderhandeln gegen eine gesetzliche Vorschrift anzunehmen ist, welche auch dazu bestimmt ist, im Interesse der Marktteilnehmer das Marktverhalten zu regeln, und der Verstoß geeignet ist, die Interessen von Verbrauchern, sonstigen Marktteilnehmern oder Mitbewerbern spürbar zu beeinträchtigen. Aufgrund einer umfangreichen höchstrichterlichen Rechtsprechung kann Maklern nur anempfohlen werden, die für sie relevanten Fallentscheidungen sorgfältig zu ermitteln und auf ihre Relevanz einzuwerten.

Für Immobilienmakler erweist sich dabei insbesondere auch die Regelung in § 5a Absatz 1, 2 UWG *(Irreführung durch Unterlassen)* als relevant, wonach gleichsam unlauter handelt, wer einen Verbraucher oder sonstigen Marktteilnehmer irreführt, indem er ihm eine wesentliche Information vorenthält, worunter eben auch die nicht rechtzeitige Bereitstellung wesentlicher Informationen – und somit auch die im Kontext des GEG, wie unter vorstehender Gliederungsziffer beschrieben, vorgeschriebenen Energieausweisangaben – zu verstehen ist.

Verstöße gegen das UWG können zu umfangreichen Konsequenzen führen; der Anspruchskatalog, auf welchen von den jeweils Begünstigten rekurriert werden kann, ist durchaus als umfangreich zu qualifizieren. So ist es möglich, den Unlauter Handelnden gemäß § 8 Absatz 1 UWG *(Beseitigung und Unterlassung)* auf Beseitigung und bei Wiederholungsgefahr auf Unterlassung in Anspruch zu nehmen. § 9 Absatz 1, 2 UWG *(Schadensersatz)* ermöglicht es Mitbewerben und Verbrauchern, den ihnen entstandenen Schaden ersetzt zu erhalten. § 10 Absatz 1 UWG *(Gewinnabschöpfung)* birgt die Gefahr, von den gemäß § 8 Absatz 3 Nummer 2 bis 4 UWG zur Geltendmachung eines Unterlassungsanspruchs Berechtigten auf Herausgabe des Gewinns an den Bundeshaushalt in Anspruch genommen zu werden, wenn vorsätzlich oder grob fahrlässig unzulässige geschäftliche Handlung nach § 3 oder § 7 UWG vorgenommen und hierdurch zu Lasten einer Vielzahl von Abnehmern einen Gewinn erzielt wurde. Abseits der vorbeschriebenen Nachteile kann es gemäß §§ 19, 20 UWG zu der Verwirklichung einer Ordnungswidrigkeit gekommen sein, die mit empfindlichen Geldbußen im Extremfall bis zu EUR 300.000,00 geahndet werden können.

Auch vor diesem Hintergrund ist es daher einem Immobilienmakler dringend anzuraten, sich in hinreichender Tiefe mit den für ihn relevanten rechtlichen Regelungen und Vorgaben des UWG vertraut zu machen.

3.3 Gewerbeordnung – GewO

Art. 12 Absatz 1 Satz 1 des Grundgesetzes (GG) gewährleistet zunächst einmal allen Deutschen das Recht, ihren Beruf, ihren Arbeitsplatz und ihre Ausbildungsstätte frei zu wählen. Dieses Recht wird indes nicht schrankenlos gewährt. Wie sich bereits aus Artikel 12 Absatz 1 Satz 2 GG ergibt, kann die Berufsausübung durch Gesetz oder aufgrund eines Gesetzes geregelt werden.

Hiervon hat der Gesetzgeber unter anderem mittels der Gewerbeordnung (GewO) Gebrauch gemacht. Gemäß § 1 GewO *(Grundsatz der Gewerbefreiheit)* ist der Betrieb eines Gewerbes jedermann gestattet, soweit nicht durch das Gesetz selbst Ausnahmen oder Beschränkungen vorgeschrieben oder zugelassen sind. Demzufolge sieht § 14 Absatz 1 GewO zunächst einmal lediglich vor, dass derjenige, der den selbständigen Betrieb eines stehenden Gewerbes, einer Zweigniederlassung oder einer unselbständigen Zweigstelle anfängt, dies der zuständigen Behörde gleichzeitig anzeigen muss. Selbiges gilt dann im weiteren zeitlichen Fortgang logisch folgend für die Verlegung des Betriebes, den Wechsel des Betriebsgegenstandes sowie auch die Aufgabe des Gewerbebetriebs.

Aus der in § 14 GewO normierten Anzeigepflicht per se kann der Immobilienmakler seine *„freie"* Tätigkeitsaufnahme indes nicht ableiten. In den §§ 29 ff. GewO hat der Gesetzgeber nämlich Regelungen bezüglich denjenigen Gewerbetreibenden aufgenommen, die zur Ausübung ihres Berufes einer besonderen Genehmigung bedürfen.

Im Bereich der – hier relevanten – Maklertätigkeit ist die Vorschrift des § 34c Absatz 1 Nummer 1 GewO einschlägig. Danach bedarf derjenige, der gewerbsmäßig den Abschluss von Verträgen über Grundstücke, grundstücksgleiche Rechte, gewerbliche Räume oder Wohnräume vermitteln oder die Gelegenheit zum Abschluss solcher Verträge nachweisen will, der Erlaubnis der zuständigen Behörde. Wer sich also als Immobilienmakler betätigen will, hat daher vor Aufnahme seiner geplanten beruflichen Tätigkeit bei dem für ihn zuständigen Gewerbeaufsichtsamt vorzusprechen und eine entsprechende Genehmigung gemäß § 34 c GewO zu erholen.

Antragsberechtigt bzw. -verpflichtet sind sowohl natürliche als auch juristische Personen. Zu erstgenannter Gruppe sind nicht nur der Einzelunternehmer selbst, sondern auch solche Gewerbetreibende anzusehen, welche in Form einer auf dem Markt auftreten (so. z. B. einer Gesellschaft bürgerlichen Rechts). Hierbei reicht es nicht aus, wenn ein Mitglied der Personengesellschaft die Erlaubnis beantragt; erforderlich ist, dass jeder geschäftsführungsberechtigte Gesellschafter eine solche beantragt und erhalten hat. Juristische Personen können aufgrund ihrer Rechtsfähigkeit selbst den entsprechenden Antrag bei der zuständigen Behörde einreichen. Die zur Erteilung notwendigen Voraussetzungen müssen sodann bei den organschaftlichen Vertretern (z. B. den Geschäftsführern einer GmbH) vorliegen. Erfolgt eine Änderung des Unternehmens, so beispielsweise von einer Kommanditgesellschaft in eine Gesellschaft mit beschränkter Haftung, so liegt gewerberechtlich eine neue Person vor, mit der Folge, dass eine neue Erlaubnis nach § 24c GewO beantragt werden muss.

Die Erlaubnis kann – abseits der Versagung gemäß § 34 Absatz 2 GewO – inhaltlich beschränkt und mit Auflagen verbunden werden, soweit dies zum Schutze der Allgemeinheit oder der Auftraggeber erforderlich ist; unter denselben Voraussetzungen ist auch die nachträgliche Aufnahme, Änderung und Ergänzung von Auflagen zulässig.

§ 34c Absatz 2 Nummern 1 und 2 GewO regeln die beiden Fallgestaltungen, in welchen die Erlaubnis zur Ausübung einer Tätigkeit als Immobilienmakler zu versagen ist. Dies ist zum einen dann der Fall, wenn Tatsachen die Annahme rechtfertigen, dass der Antragsteller oder eine der mit der Leitung des Betriebes oder einer Zweigniederlassung beauftragten Personen die für den Gewerbebetrieb erforderliche Zuverlässigkeit nicht besitzt (§ 34 Absatz 2 Nummer 1 GewO). Die erforderliche Zuverlässigkeit besitzt dabei in der Regel nicht, wer in den letzten fünf Jahren vor Stellung des Antrages wegen eines Verbrechens oder wegen Diebstahls, Unterschlagung, Erpressung, Betruges, Untreue, Geldwäsche, Urkundenfälschung, Hehlerei, Wuchers oder einer Insolvenzstraftat rechtskräftig verurteilt worden ist. Zum anderen ist gemäß § 34 Absatz 2 Nummer 2 GewO von einem Versagungsgrund auszugehen, wenn der Antragsteller in ungeordneten Vermögensverhältnissen lebt. Hiervon ist in der Regel auszugehen, wenn über das Vermögen des Antragstellers das Insolvenzverfahren eröffnet worden oder er in das vom Vollstreckungsgericht zu führende Verzeichnis (§ 26 Abs. 2 Insolvenzordnung, § 882b Zivilprozessordnung) eingetragen ist.

Zu beachten ist in diesem Kontext, dass das Vorliegen einer einmal erteilten Erlaubnis keinen Freizeichnung des Maklers für seine künftigen Tätigkeiten darstellt. So kommt die Rücknahme eines rechtswidrigen Verwaltungsaktes nach § 48 Verwaltungsverfahrensgesetz (VwVfG) in Betracht, wenn die Voraussetzungen für die Erlaubniserteilung von vornherein nicht gegeben waren. Der Widerruf eines rechtmäßigen Verwaltungsaktes kann unter den Voraussetzungen des § 49 VwVfG erfolgen. So darf gemäß § 49 Absatz 2 Nummer 3 VwVfG *(Widerruf eines rechtmäßigen Verwaltungsaktes)* ein rechtmäßiger begünstigender Verwaltungsakt, auch nachdem er unanfechtbar geworden ist, ganz oder teilweise mit Wirkung für die Zukunft widerrufen werden, wenn die Behörde aufgrund nachträglich eingetretener Tatsachen berechtigt wäre, den Verwaltungsakt nicht zu erlassen, und wenn ohne den Widerruf das öffentliche Interesse gefährdet würde. Grundsätzlich ist dabei für die Beurteilung der Zuverlässigkeit eines Gewerbetreibenden auf sein Verhalten bei der Ausübung seines Gewerbes abzustellen, sodass vornehmlich Pflichtverletzungen gegenüber Beschäftigten, Gläubigern und Kunden die Annahme der Unzuverlässigkeit tragen können.

Unterlässt der Makler bereits im Vorfeld die Erholung der entsprechenden Erlaubnis, so kann die Fortsetzung des Betriebes von der zuständigen Behörde gemäß § 15 Absatz 2 GewO verhindert werden.

Während ein Makler originär nicht zur Fortbildung verpflichtet war, hat sich dies beginnend mit dem 01. August 2018 durch das Gesetz zur Einführung einer Berufszulassungsregelung für gewerbliche Immobilienverwalter und Makler geändert.

Gemäß § 34c Absatz 2a GewO sind Gewerbetreibende nach Absatz 1 Satz 1 Nummer 1 und 4 GewO nunmehr verpflichtet, sich in einem Umfang von 20 h innerhalb eines Zeitraums von drei Kalenderjahren weiterzubilden; das Gleiche gilt entsprechend für unmittelbar bei der erlaubnispflichtigen Tätigkeit mitwirkende beschäftigte Personen. Der erste Weiterbildungszeitraum beginnt dabei am 1. Januar des Kalenderjahres, in dem entweder eine Erlaubnis nach Absatz 1 Satz 1 Nummer 1 oder 4 erteilt wurde oder eine weiterbildungspflichtige Tätigkeit durch eine unmittelbar bei dem Gewerbetreibenden beschäftigte Person aufgenommen wurde. Die Einzelheiten der Fortbildungspflicht sind demgegenüber nicht in der Gewerbeordnung, sondern in der Makler- und Bauträgerverordnung (MaBV) festgelegt. Dort ist in § 15b MaBV *(Weiterbildung)* vorgesehen, dass derjenige, welcher nach § 34c Absatz 2a der Gewerbeordnung zur Weiterbildung verpflichtet ist, sich fachlich entsprechend seiner ausgeübten

Tätigkeit weiterbilden muss. Die inhaltlichen Anforderungen an die Weiterbildung wurden durch den Gesetzgeber in Form von Vorgaben in Anlage 1 zur Verordnung näher ausgebildet. Sie umfassen unter anderem rechtliche Grundlagen des BGB, des Maklerrechtes, des Mietrechtes, des Grundstückskaufrechtes, des Wettbewerbsrechtes oder Steuerrechtes. Die Weiterbildung selbst kann in Präsenzform, in einem begleiteten Selbststudium, durch betriebsinterne Maßnahmen des Gewerbetreibenden oder in einer anderen geeigneten Form erfolgen.

Auch innerhalb des Anwendungsbereiches der Gewerbeordnung wurde die Nichtbeachtung einzelner Pflichten pönalisiert und in § 144 GewO als Ordnungswidrigkeit ausgebildet. So handelt unter anderem gemäß § 144 Absatz 1 lit. h) GewO ordnungswidrig, wer vorsätzlich oder fahrlässig ohne die erforderliche Erlaubnis nach § 34c Absatz 1 Satz 1 Nummer 1 oder Nummer 2 den Abschluss von Verträgen der dort bezeichneten Art vermittelt oder die Gelegenheit hierzu nachweist. Ein Verstoß ist dabei mit einer Geldbuße bis zu fünftausend Euro sanktioniert.

3.4 Makler- und Bauträgerverordnung – MaBV

Ein Immobilienmakler sollte weitergehend die ihn betreffenden Regelungen in der Verordnung über die Pflichten der Immobilienmakler, Darlehensvermittler, Bauträger, Baubetreuer und Wohnimmobilienverwalter (Makler- und Bauträgerverordnung – MaBV) kennen, welche – abgeleitet aus der GewO – gemäß § 1 MaBV *(Anwendungsbereich)* für Gewerbetreibende Anwendung findet, die Tätigkeiten nach § 34c Absatz 1 der GewO ausüben und zwar unabhängig vom Bestehen einer Erlaubnispflicht.

Ungeachtet der bereits unter vorstehendem Gliederungspunkt angesprochenen und in § 15b MaBV niedergelegten Fortbildungsvorgaben sieht sich ein Immobilienmakler mit weiteren, von ihm einzuhaltenden, Vorgaben aus MaBV konfrontiert.

So hat er gemäß § 10 MaBV *(Buchführungspflicht)* von der Annahme des Auftrages an spezifizierte Aufzeichnungen zu machen sowie Unterlagen und Belege in übersichtlicher Art und Weise zu sammeln. Dabei sind die Aufzeichnungen unverzüglich und in deutscher Sprache vorzunehmen.

Aus den Aufzeichnungen und Unterlagen müssen dabei in allgemeiner Hinsicht beispielsweise gemäß § 10 Absatz 2 Nummer 1 MaBV der Name und Vorname oder die Firma sowie die Anschrift des Auftraggebers oder aber gemäß § 10 Absatz 2 Nummer 2a MaBV das für die Vermittler- oder Nachweistätigkeit

3.4 Makler- und Bauträgerverordnung – MaBV

vom Auftraggeber zu entrichtende Entgelt (Wohnungsvermittler haben das Entgelt in einem Bruchteil oder Vielfachen der Monatsmiete anzugeben) und gemäß § 10 Absatz 2 Nummer 2 f. MaBV die Vertragsdauer ersichtlich sein.

Weitergehend müssen gemäß § 10 Absatz 3 MaBV aus den Aufzeichnungen und Unterlagen von Immobilienmaklern ferner folgende Angaben ersichtlich sein, soweit sie im Einzelfall in Betracht kommen,

1. bei der Vermittlung oder dem Nachweis der Gelegenheit zum Abschluß von Verträgen über den Erwerb von Grundstücken oder grundstücksgleichen Rechten: Lage, Größe und Nutzungsmöglichkeit des Grundstücks, Art, Alter und Zustand des Gebäudes, Ausstattung, Wohn- und Nutzfläche, Zahl der Zimmer, Höhe der Kaufpreisforderung einschließlich zu übernehmender Belastungen, Name, Vorname und Anschrift des Veräußerers;

2. bei der Vermittlung oder dem Nachweis der Gelegenheit zum Abschluß von Verträgen über die Nutzung von Grundstücken oder grundstücksgleichen Rechten: Lage, Größe und Nutzungsmöglichkeit des Grundstücks, Art, Alter und Zustand des Gebäudes, Ausstattung, Wohn- und Nutzfläche, Zahl der Zimmer, Höhe der Mietforderung sowie gegebenenfalls Höhe eines Baukostenzuschusses, einer Kaution, einer Mietvorauszahlung, eines Mieterdarlehens oder einer Abstandssumme, Name, Vorname und Anschrift des Vermieters;

3. bei der Vermittlung oder dem Nachweis der Gelegenheit zum Abschluß von Verträgen über die Nutzung von gewerblichen Räumen oder Wohnräumen: Lage des Grundstücks und der Räume, Ausstattung, Nutz- und Wohnfläche, Zahl der Räume, Höhe der Mietforderung sowie gegebenenfalls Höhe eines Baukostenzuschusses, einer Kaution, einer Mietvorauszahlung, eines Mieterdarlehens oder einer Abstandssumme, Name, Vorname und Anschrift des Vermieters.

§ 11 der MaBV normiert für den Immobilienmakler diverse Informationspflichten. So sind beispielsweise dem Auftraggeber in Textform und in deutscher Sprache unmittelbar nach der Annahme des Auftrags die in § 10 Absatz 2 Nummer 2 Buchstabe a und f genannten Angaben – mithin Entgelt und Vertragsdauer – bekanntzugeben.

Die Nichtbeachtung der in der MaBV niedergelegten Pflichten sind ebenfalls dem Bußgeldregime unterworfen worden.

Wie sich aus § 18 Absatz 1 Nummern 6, 7 MaBV (Ordnungswidrigkeiten) ergibt, handelt ordnungswidrig im Sinne des § 144 Absatz 2 Nummer 6 GewO, wer entgegen § 10 Absätze 1 bis 5 MaBV erforderliche Aufzeichnungen nicht, nicht richtig, nicht vollständig, nicht ordnungsgemäß oder nicht rechtzeitig macht oder Unterlagen oder Belege nicht oder nicht übersichtlich sammelt oder aber entgegen § 11 Satz 1 Nummer 1, 2 oder 3 dem Auftraggeber die dort bezeichneten

Angaben nicht, nicht richtig, nicht vollständig oder nicht rechtzeitig mitteilt. Das Bußgeld kann sich dabei gemäß § 144 Absatz 4 GewO auf bis zu fünftausend Euro belaufen.

3.5 Preisangabenverordnung (PAngV)

Die sogenannte Preisangabenverordnung (PAngV) dient dem Verbraucherschutz und verpflichtet Unternehmer und Personen, welche Verbrauchern Leistungen anbieten, unter anderem zu Mindestangaben bei ihren Offerten. Als Unternehmer werden gemäß § 2 Nummer 8 PAngV durch einen Verweis auf § 2 Absatz 1 Nummer 8 UWG jede natürliche oder juristische Person angesehen, die geschäftliche Handlungen im Rahmen ihrer gewerblichen, handwerklichen oder beruflichen Tätigkeit vornimmt, und jede Person, die im Namen oder Auftrag einer solchen Person handelt. Verbraucher ist gemäß § 2 Nummer 9 PAnVG jede natürliche Person im Sinne des § 13 des Bürgerlichen Gesetzbuchs, mithin jede natürliche Person, die ein Rechtsgeschäft zu Zwecken abschließt, die überwiegend weder ihrer gewerblichen noch ihrer selbständigen beruflichen Tätigkeit zugerechnet werden können.

Wie sich aus § 3 Absatz 1 PAngV *(Pflicht zur Angabe des Gesamtpreises)* ergibt, hat demnach der verpflichtete Unternehmer, der Verbrauchern Waren oder Leistungen anbietet oder als Anbieter von Waren oder Leistungen gegenüber Verbrauchern unter Angabe von Preisen wirbt, die Gesamtpreise anzugeben. Bei aufgegliederten Preisen ist der Gesamtpreis gemäß § 3 Absatz 3 PAnGV hervorzuheben.

Gemäß § 12 PAngV *(Preisangaben für Leistungen)* hat der Verpflichtete, welcher Verbrauchern Leistungen anbietet, ein Preisverzeichnis über die Preise für seine wesentlichen Leistungen oder über seine Verrechnungssätze aufzustellen. Diese müssen alle Leistungselemente einschließlich der anteiligen Umsatzsteuer enthalten. Das Preisverzeichnis selbst ist in den Geschäftsräumen oder am sonstigen Ort des Leistungsangebots anzubringen. Ist ein Schaufenster oder Schaukasten vorhanden, ist es auch dort anzubringen.

Ein Immobilienmakler ist demzufolge gehalten, die Vorgaben der Preisangabenverordnung zu beachten.

Kommt er dem nicht nach, ist sein insoweit fehlerbehaftetes Verhalten nicht nur gegebenenfalls einer Abmahnung im Rahmen des UWG zugänglich, sondern darüberhinausgehend gemäß § 20 PAngV *(Ordnungswidrigkeiten)* mit einer Geldbuße belegt. Demnach handelt beispielsweise ordnungswidrig im Sinne des § 3 Absatz 1 Satz 1 Nummer 2 des Wirtschaftsstrafgesetzes 1954, wer vorsätzlich oder fahrlässig entgegen § 3 Absatz 1 PAngV Angaben oder Auszeichnungen nicht, nicht richtig oder nicht vollständig tätigt oder entgegen § 12 Absatz 2 Satz 4 PAnGV, auch in Verbindung mit § 10 Absatz 5 PAngV, ein Preisverzeichnis nicht, nicht richtig oder nicht vollständig bereithält.

Die Ordnungswidrigkeit kann in diesem Kontext gemäß § 3 Absatz 2 Wirtschaftsstrafgesetz 1954 mit einer Geldbuße bis zu fünfundzwanzigtausend Euro geahndet werden.

3.6 Gesetz über außergerichtliche Rechtsdienstleistungen – RDG

Von größerer Relevanz für einen Immobilienmakler erweist sich weitergehend das Gesetz über außergerichtliche Rechtsdienstleistungen – RDG.

Ausweislich § 3 RDG ist die selbständige Erbringung außergerichtlicher Rechtsdienstleistungen nur in dem Umfang zulässig, in dem sie durch dieses Gesetz oder durch oder aufgrund anderer Gesetze erlaubt wird. Die Begrifflichkeit der Rechtsdienstleistung ist in § 2 Absatz 1 RDG definiert und als jede Tätigkeit in konkreten fremden Angelegenheiten anzusehen, sobald sie eine rechtliche Prüfung des Einzelfalls erfordert.

Gemäß § 5 Absatz 1 RDG sind allerdings Rechtsdienstleistungen im Zusammenhang mit einer anderen Tätigkeit, wenn sie als Nebenleistung zum Berufs- oder Tätigkeitsbild gehören, als erlaubt anzusehen. Ob eine Nebenleistung vorliegt, ist dabei nach ihrem Inhalt, Umfang und sachlichen Zusammenhang mit der Haupttätigkeit unter Berücksichtigung der Rechtskenntnisse zu beurteilen, die für die Haupttätigkeit erforderlich sind.

Während von Gesetzes wegen nach § 5 Absatz 2 Nummer 2 RDG als erlaubte Nebenleistungen Rechtsdienstleistungen gelten, die im Zusammenhang mit einer Haus- und Wohnungsverwaltung erbracht werden, kann dies nicht für Immobilienmaklertätigkeiten angenommen werden. Soweit daher ein Makler über die reine Hilfestellung beim Ausfüllen eines Musterformularvertrages seinem Kunden Rechtsrat im Einzelfall erteilt, dürfte von einem Verstoß gegen das RDG auszugehen sein. Maklern kann daher nur anempfohlen werden, lediglich allgemeine Auskünfte zu erteilen, nicht aber konkrete Handlungsempfehlungen unter Bezugnahme auf rechtliche Vorgaben für den Einzelfall (so beispielsweise Ausführungen gegenüber einem Immobilieneigentümer bezüglich ordentlicher oder aber außerordentlicher Kündigungsoptionen eines Mietvertrages gegenüber einem Bestandsmieter).

Die Vorschrift des § 3 RDG ist anerkanntermaßen eine Marktverhaltensregelung im Sinne des § 3a UWG (Rechtsbruch). Danach handelt unlauter, wer einer gesetzlichen Vorschrift zuwiderhandelt, die auch dazu bestimmt ist, im Interesse der Marktteilnehmer das Marktverhalten zu regeln, und der Verstoß geeignet ist, die Interessen von Verbrauchern, sonstigen Marktteilnehmern oder Mitbewerbern spürbar zu beeinträchtigen. Als Folge hieraus sieht sich ein gegen § 3 RDG verstoßender Makler gegebenenfalls Unterlassungs-, Schadensersatz-, Beseitigungs-, Gewinnabschöpfungs- und Auskunftsansprüchen ausgesetzt.

Weitergehend bleibt zu beachten, dass beginnend mit dem 01. Januar 2025 durch das Gesetz zur Stärkung der Aufsicht bei Rechtsdienstleistungen und zur Änderung weiterer Vorschriften (RDAufStG) die geschäftsmäßige Erbringung außergerichtlicher Rechtsdienstleistungen entgegen § 3 RDB mit einer Bußgeldandrohung bis zu EUR 50.000,00 belegt ist.

3.7 Wohnungseigentumsgesetz – WEG

Zu den wesentlichen Bestandteilen eines Grundstücks gehören gemäß § 94 BGB die mit dem Grund und Boden fest verbundenen Sachen, insbesondere Gebäude, sowie die Erzeugnisse des Grundstücks, solange sie mit dem Boden zusammenhängen. Anders ausgedrückt: Wird auf einem Grundstück ein Gebäude errichtet, wird von Gesetzes wegen der Eigentümer des Grundbesitzes auch gleichzeitig Eigentümer des Gebäudes.

Ein Auseinanderfallen zwischen aufstehenden Gebäulichkeiten und dem Grundbesitz sieht der Gesetzgeber lediglich in dem Gesetz über das Erbbaurecht (Erbbaurechtsgesetz – ErbbauRG) vor. Wie sich aus § 1 ErbbauRG ergibt, kann ein Grundstück in der Weise belastet werden, dass demjenigen, zu dessen Gunsten die Belastung erfolgt, das veräußerliche und vererbliche Recht zusteht, auf oder unter der Oberfläche des Grundstücks ein Bauwerk zu haben (Erbbaurecht).

Die Vorschriften des BGB als auch diejenigen des ErbbauRG sehen es daher vom Grundsatz nicht vor, grundbuchrechtlich einzelne Wohneinheiten in einem Gebäude separat zu erfassen und an einzelne Eigentümer zu veräußern. Dadurch wäre aber die Errichtung von Wohnimmobilien mit einzelnen Wohnungen lediglich dem Grundstückeigentümer möglich, der diese dann einer Vermietung zuführen könnte, was allerdings dem allgemeinen wohnwirtschaftlichen Interesse und vor allem der Verdichtung von Wohnraum nicht hinreichend Rechnung tragen würde.

An dieser Stelle kommt daher das Wohnungseigentumsgesetz – WEG zum Tragen.

3.7 Wohnungseigentumsgesetz – WEG

Gemäß § 1 WEG *(Begriffsbestimmungen)* kann an Wohnungen das sogenannte Wohnungseigentum, an nicht zu Wohnzwecken dienenden Räumen eines Gebäudes das sogenannte Teileigentum begründet werden. Unter Wohnungseigentum ist das Sondereigentum an einer Wohnung in Verbindung mit dem Miteigentumsanteil an dem gemeinschaftlichen Eigentum, zu dem es gehört, zu verstehen. Teileigentum ist demgegenüber das Sondereigentum an nicht zu Wohnzwecken dienenden Räumen eines Gebäudes in Verbindung mit dem Miteigentumsanteil an dem gemeinschaftlichen Eigentum, zu dem es gehört. Unter gemeinschaftlichem Eigentum im Sinne des WEG sind dabei das Grundstück und das Gebäude, soweit sie nicht im Sondereigentum oder im Eigentum eines Dritten stehen, zu verstehen.

Anders ausgedrückt ermöglicht es das WEG, auf einem Grundstück ein Wohngebäude mit mehreren einzelnen Wohneinheiten zu errichten, bei welchem dann einzelne Personen einen bzw. mehrere Miteigentumsanteile an dem Grundstück selbst sowie das Sondereigentum an einer bzw. mehreren Wohneinheit erwerben können.

Um den jeweiligem Wohnungseigentumsinhabern die Möglichkeit zu geben, letzten Endes auf den Verkauf einer oder mehrerer einzelner Einheiten und damit schlussendlich den Personenkreis der Miteigentümer – zumindest in eingeschränktem Umfang – Einfluss zu nehmen, wurde ihnen in § 12 Absatz 1 WEG *(Veräußerungsbeschränkung)* die Möglichkeit eingeräumt, sog. Veräußerungsbeschränkungen zu vereinbaren. So kann als Inhalt des Sondereigentums vereinbart werden, dass ein Wohnungseigentümer zur Veräußerung seines Wohnungseigentums der Zustimmung anderer Wohnungseigentümer oder eines Dritten bedarf, wobei die Verweigerung lediglich aus wichtigem Grunde erfolgen kann, wie sich aus § 12 Absatz 2 WEG ergibt.

Vor diesem Hintergrund sehen daher viele Gründungsvereinbarungen zur Errichtung einer Wohnungseigentümergemeinschaft oder aber entsprechende Teilungserklärungen eines Grundstücks vor, dass die Wohnungseigentümergemeinschaft nicht nur einen (externen) Verwalter bestimmt, sondern auch, dass dieser – als Dritter – einem etwaigen Verkauf einer einzelnen Einheit zustimmen muss.

Grundsätzlich kann ein Makler im Rahmen seiner Berufsausübung entscheiden, auch Verwalterdienstleistungen für das gemeinschaftliche Eigentum von Wohnungseigentümern zu erbringen. Zu beachten ist in diesem Kontext allerdings, dass die erteilte Erlaubnis zur Erbringung von Immobilienmaklerdienstleistungen gemäß § 34c Absatz 1 Nummer 1 GewO als nicht ausreichend anzusehen ist, derartige Leistungen zu offerieren. Der Makler hat vielmehr im

Bedarfsfalle dann auch eine solche nach § 34c Absatz 1 Nummer 4 zu erholen, nachdem derjenige der Erlaubnis der zuständigen Behörde bedarf, welcher gewerbsmäßig das gemeinschaftliche Eigentum von Wohnungseigentümern im Sinne des § 1 Absatz 2, 3, 5 und 6 des Wohnungseigentumsgesetzes oder für Dritte Mietverhältnisse über Wohnräume im Sinne des § 549 des Bürgerlichen Gesetzbuchs verwalten will (Wohnimmobilienverwalter).

Wenn und soweit nun ein Makler auch die Verwaltung in vorbezeichnetem Sinne übernommen hat, sollte ihm die diesbezüglich höchstrichterliche Judikatur bekannt sein. Ausweislich der Rechtsprechung des BGH kann nämlich der Verwalter einer Wohnungseigentumsanlage, von dessen Zustimmung gem. § 12 WEG die Gültigkeit eines Wohnungsverkaufes abhängig ist, wegen des demgemäß institutionalisierten Konflikts mit den Interessen des Käufers nicht dessen Makler sein.

Verstöße gegen das abgeleitete Tätigkeitsverbot als Makler können abseits zivilrechtlicher Fragestellungen in Hinblick auf die Courtage oder potenzielle Schadensersatzverpflichtungen daher auch gewerbliche Konsequenzen in Bezug auf die Gewerbezulassung nach § 34c GewO aufwerfen.

3.8 Wohnungsvermittlungsgesetz – WoVermG

Soweit die Tätigkeit des Immobilienmaklers auf die Vermittlung des Abschlusses von Mietverträgen über Wohnräume oder den Nachweis der Gelegenheit zum Abschluss von Mietverträgen über Wohnräume gerichtet ist, sind die Vorgaben des Gesetzes zur Regelung der Wohnungsvermittlung (WoVermRG) zu beachten.

Dies gilt, wie sich aus § 1 Absatz 2 WoVermRG ergibt auch dann, wenn es sich um Geschäftsräume handelt, die wegen ihres räumlichen oder wirtschaftlichen Zusammenhangs mit Wohnräumen mit diesen zusammen vermietet werden.

Während der Abschluss eines Maklervertrages, hierzu später unter Ziffer 5.2, grundsätzlich formfrei ist, bedarf es im Anwendungsbereich des WoVermRG grundsätzlich des Formerfordernisses der Textform nach § 126b BGB, wie sich aus § 2 Absatz 1 WoVermRG ergibt.

Ausweislich § 6 Absatz 1 WoVermRG darf in diesem Kontext der Wohnungsvermittler Wohnräume nur anbieten, wenn er dazu einen Auftrag von dem Vermieter oder einem anderen Berechtigten hat. Überdies darf dieser gemäß § 6 Absatz 2 WoVermRG öffentlich, insbesondere in Zeitungsanzeigen, auf Aushängetafeln und dergleichen, nur unter Angabe seines Namens und der Bezeichnung als Wohnungsvermittler Wohnräume anbieten oder suchen; bietet er Wohnräume an, so hat er auch den Mietpreis der Wohnräume anzugeben und darauf hinzuweisen, ob Nebenleistungen besonders zu vergüten sind.

Selbst wenn der Immobilienmakler einen Vermietungsauftrag durch den Vermieter gemäß § 6 WoVermRG erteilt bekommen hat, muss er sich weitergehend an das sogenannte Bestellerprinzip nach § 2 Absatz 1a) WoVermRG halten. Danach darf der Wohnungsvermittler vom Wohnungssuchenden für die Vermittlung oder den Nachweis der Gelegenheit zum Abschluss von Mietverträgen über Wohnräume kein Entgelt fordern, sich versprechen lassen oder annehmen, es sei denn, der Wohnungsvermittler holt ausschließlich wegen des Vermittlungsvertrags mit dem Wohnungssuchenden vom Vermieter oder von einem anderen Berechtigten den Auftrag ein, die Wohnung anzubieten.

Ist nach Abschluss eines formwirksamen Maklervertrages infolge der Tätigkeit des Maklers ein Mietvertrag zustandegekommen, ist seine Courtage der Höhe nach beschränkt und nicht frei verhandelbar. So ist ausweislich der Regelungen in § 3 WoVermRG das erforderte Entgelt in einem Bruchteil oder Vielfachen der Monatsmiete anzugeben und darf für den Wohnungssuchenden nicht höher sein als zwei Monatsmieten zuzüglich der gesetzlichen Umsatzsteuer.

Verstößt der Immobilienmakler vorsätzlich gegen die in §§ 2, 3 und 6 enthaltenen Vorgaben, handelt er ordnungswidrig und kann – je nach konkretem Verstoß – mit einer Geldbuße bis zu EUR 2500 bzw. bis zu EUR 25.000 belegt werden, wie sich aus § 8 Absatz 2 WoVermRG ergibt.

3.9 Geldwäschegesetz – GwG

Immobilienmakler haben zwingend das Gesetz über das Aufspüren von Gewinnen aus schweren Straftaten (GWG), sind sie doch gemäß § 2 Absatz 1 Nummer 14 GWG explizit als Verpflichtete im Sinne dieses Gesetzes, zumindest soweit sie in Ausübung ihres Gewerbes oder Berufs handeln, aufgeführt.

Als Verpflichteten obliegen ihnen zunächst einmal unter anderem die in § 10 GWG normierten allgemeinen Sorgfaltspflichten. Diese bestehen beispielsweise in der Identifizierung des Vertragspartners und gegebenenfalls der für ihn auftretenden Person nach Maßgabe des § 11 Absatz 4 und des § 12 Absatz 1 und 2 GWG sowie die Prüfung, ob die für den Vertragspartner auftretende Person hierzu berechtigt ist, wie sich aus § 10 Absatz 1 Nummer 1 GWG ergibt. Überdies hat nach § 10 Absatz 1 Nummer 2 GWG die Abklärung zu erfolgen, ob der Vertragspartner für einen wirtschaftlich Berechtigten handelt, und, soweit dies der Fall ist, die Identifizierung des wirtschaftlich Berechtigten nach Maßgabe des

§ 11 Absatz 5 und des § 12 Absatz 3 und 4 GWG; dies umfasst in Fällen, in denen der Vertragspartner keine natürliche Person ist, die Pflicht, die Eigentums- und Kontrollstruktur des Vertragspartners mit angemessenen Mitteln in Erfahrung zu bringen.

Die exemplarisch vorbeschriebenen allgemeinen Sorgfaltspflichten sind von Verpflichteten bei der Begründung einer Geschäftsbeziehung (§ 10 Absatz 3 GWG) und Neukunden (§ 10 Absatz 3a GWG) zu erfüllen. Auch wenn der Makler zu seinem Kunden eine langjährige Geschäftsbeziehung pflegt, entbindet ihn das nicht von dem Erfordernis weiterer Prüfvorgänge. So müssen beispielsweise die allgemeinen Sorgfaltspflichten bei bereits bestehenden Geschäftsbeziehungen sie zu geeigneter Zeit auf risikobasierter Grundlage erfüllt werden. Dies insbesondere dann, wenn sich bei einem Kunden maßgebliche Umstände ändern, wie sich aus § 10 Absatz 3a Satz 2 Nr. 1a GWG ergibt.

Der Gesetzgeber hat indes den Pflichtenkatalog bei Immobilienvermittlern eingegrenzt. So sind die allgemeinen Sorgfaltspflichten gemäß § 10 Absatz 6 GWG (nur) zu erfüllen bei der Vermittlung von Kaufverträgen und bei der Vermittlung von Miet- oder Pachtverträgen bei Transaktionen mit einer monatlichen Nettokaltmiete oder Nettokaltpacht in Höhe von mindestens 10 000 €.

Weiter haben die Verpflichteten gemäß § 4 Absatz 1 GWG *(Risikomanagement)* zur Verhinderung von Geldwäsche und von Terrorismusfinanzierung über ein wirksames Risikomanagement verfügen, das im Hinblick auf Art und Umfang ihrer Geschäftstätigkeit angemessen ist und welches eine Risikoanalyse nach § 5 sowie interne Sicherungsmaßnahmen nach § 6 GWG zu umfassen hat. Auch an dieser Stelle gelten die vorbezeichneten Transaktionsmindestgrenzen bei zu vermittelnden Miet- bzw. Pachtverträgen.

Überdies haben Makler Aufzeichnungs- und Aufbewahrungspflichten zu beachten. So sind die Aufzeichnungen und sonstigen Belege gemäß § 8 GWG fünf Jahre aufzubewahren, soweit nicht andere gesetzliche Bestimmungen über Aufzeichnungs- und Aufbewahrungspflichten eine längere Frist vorsehen. In jedem Fall sind die Aufzeichnungen und sonstigen Belege spätestens nach Ablauf von zehn Jahren zu vernichten.

Von wesentlicher Bedeutung ist an dieser Stelle die gesetzlich in § 43 GWG normierte Meldepflicht, wonach sich Makler in einzeln normierten Sachverhaltskomplexen unabhängig vom Wert des betroffenen Vermögensgegenstandes oder der Transaktionshöhe unverzüglich an die Zentralstelle für Finanztransaktionsuntersuchungen zu wenden haben. Dies kann beispielsweise nach § 43 Absatz 1 Nummer 1 GWG der Fall sein, wenn Tatsachen vorliegen, die darauf hindeuten, dass ein Vermögensgegenstand, der mit einer Geschäftsbeziehung, einem Maklergeschäft oder einer Transaktion im Zusammenhang steht, aus einer strafbaren Handlung stammt, die eine Vortat der Geldwäsche darstellen könnte.

Verstöße gegen die Pflichtenkataloge können sich – als Ordnungswidrigkeitentatbestand gemäß § 56 GWG ausgebildet – durchaus als mit empfindlichen Beeinträchtigungen erweisen, können doch Geldbußen je nach Art der Tatbegehung in Form des Vorsatzes oder der Leichtfertigkeit bis zu EUR 150.000,00 verhängt werden. Bei einem schwerwiegenden, wiederholten oder systematischen Verstoß kann es unter Umständen sogar zur Verwirkung einer Geldbuße bis zu EUR 1 Mio. kommen.

3.10 Urheberrechtsgesetz – UrhG

Die stets entscheidende Standortfrage ist bei Spezialimmobilien wie Pflegeimmobilien noch kritischer als ohnehin im allgemeinen Immobiliengeschäft. Für Makler ist es heutzutage selbstverständlich, Online-Exposés sowie die eigene Webseite mit Bildern oder Grafiken auszustatten. Auf den Unternehmens-Homepages finden sich dabei neben Immobilienangeboten oft auch Ratgeber-Texte oder Videos, die gegebenenfalls sogar mit Musik unterlegt sind.

Vor dem Veröffentlichen von Bild-, Text- oder Videomaterial ist es daher für den Makler von eminenter Bedeutung, sich rechtlich abzusichern.

So ist es beispielsweise unproblematisch möglich, ein Gebäude von öffentlich zugänglichen Plätzen zu fotografieren und dieses Bild zu veröffentlichen. Insoweit greift die sogenannte Panoramafreiheit des § 59 UrhG, die allerdings nur für die äußere Ansicht eines Gebäudes gilt. Sind Personen oder etwa Kennzeichen von Personenkraftwagen zu erkennen, sollte vor der Publikation eine Unkenntlichmachung erfolgen.

Gemäß § 15 UrhH verfügt der Urheber über das ausschließliche Recht, sein Werk in körperlicher Form zu verwerten. Verwendet daher der Makler demgegenüber in nicht berechtigter Art und Weise ein fremdes Werk, kann er sich mit einem Verlangen nach Unterlassung und Schadensersatz nach § 97 UrhG) konfrontiert sehen. Überdies stehen je nach konkreter Verletzungshandlung sogar die Verwirklichungen von Straftatbeständen gemäß §§ 106 ff. UrhG zur Disposition.

Der Maklervertrag

4

Der Courtageanspruch eines Maklers erfordert grundsätzlich das Vorliegen mehrerer kumulativer Voraussetzungen, die dargestellt werden können wie folgt (Abb. 4.1).

4.1 Arten des Maklervertrages

Der Makler und sein Auftraggeber haben, zumindest wenn die Veräußerung einer Immobilie den Vertragsgegenstand bildet, oftmals divergierende Vorstellungen respektive Interessen ob des geschuldeten Tätigkeitsumfanges oder aber bezüglich einer exklusiven Beauftragung. Gerade Letztgenannte hat indes Auswirkungen auf den Umfang der geschuldeten Tätigkeiten. Es empfiehlt sich daher immer, diesbezüglich konkrete Vereinbarungen in den Maklervertrag aufzunehmen, um künftigen potenziellen Streitpunkten zu begegnen.

Differenziert werden kann grundsätzlich zwischen drei Arten des Maklervertrages, dem sog. *„einfachen Maklervertrag"*, dem *„Makleralleinauftrag"* sowie dem *„qualifizierten Makleralleinauftrag"* (Abb. 4.2).

4.1.1 Einfacher Maklervertrag

Beim normalen, einfachen, Maklerauftrag besteht für den Makler keine Verpflichtung zum Tätigwerden, wenngleich er aufgrund des bestehenden Treueverhältnisses die Interessen seines Auftraggebers zu wahren hat. Damit korrespondierend verdient der Makler allerdings seine Vergütung nur dann, wenn der angestrebte

© Der/die Autor(en), exklusiv lizenziert an Springer Fachmedien Wiesbaden GmbH, ein Teil von Springer Nature 2025
P. S. Przewieslik, *Recht für Immobilienmakler*, essentials,
https://doi.org/10.1007/978-3-658-47791-2_4

> Abschluss eines Maklervertrages

> Tatsächliche Tätigkeit (Nachweis oder Vermittlung) des Maklers

> Kausalität zwischen Tätigkeit des Maklers und Abschluss des Hauptvertrages

> Rechtsgültiges Zustandekommen des Hauptvertrages bei wesentlicher Identität

> Kein Entfall des Courtageanspruches

Abb. 4.1 Übersicht Courtageanspruch

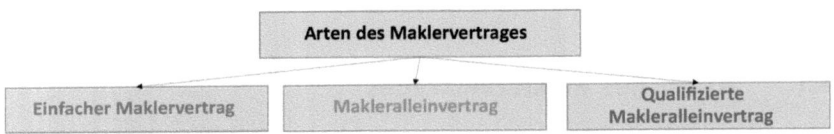

Abb. 4.2 Übersicht Maklervertragsarten

Vertrag gerade aufgrund seiner Nachweis- oder Vermittlungstätigkeit zustande kommt.

Wegen der mangelnden Tätigkeitspflicht des Maklers steht es dem Auftraggeber des Maklers frei, während der Vertragslaufzeit weitere Makler einzuschalten oder aber den Vertragsabschluss sogar selbst herbeizuführen, ohne dass dem beauftragten (Erst-)Makler dann Courtageansprüche zustehen.

4.1.2 Alleinmaklervertrag

Beim Alleinmaklervertrag räumt der Auftraggeber dem Makler während der Vertragslaufzeit das alleinige Nachweis- und/oder Vermittlungsrecht ein. Der Auftraggeber verzichtet insofern während der gesamtem Vertragslaufzeit auf die Einschaltung weiterer Makler. Dies hat zur Folge, dass der Makler nunmehr zu einem Tätigwerden verpflichtet wird und sich von dieser Verpflichtung nicht einseitig lösen kann. Grundsätzlich unberührt bleibt nach wie vor das Recht des Auftraggebers, selbst zum Vertragsabschluss zu gelangen.

4.1.3 Qualifizierter Alleinmaklervertrag

Ein qualifizierter Alleinmaklervertrag ist für den Auftraggeber noch restriktiver ausgestaltet. Hier ist Letztgenanntem auch untersagt, selbst tätig zu werden und er ist verpflichtet, potenzielle Interessenten, welche an ihn herantreten, an den Makler zu verweisen. Auch wenn daher der Makler keine Tätigkeiten zum Nachweis oder zur Vermittlung der Gelegenheit zum Geschäftsabschluss erbracht hat, steht ihm ein Provisionsanspruch zu.

Eine derartige Vertragskonstruktion kann indes nur auf Basis einer individualvertraglichen Vereinbarung, nicht aber in einem Formularvertrag zwischen den Parteien gewählt werden.

4.2 Abschluss eines rechtswirksamen Maklervertrages

(Basis-)Voraussetzung für das Recht eines Maklers, Courtageforderungen geltend zu machen, ist der rechtswirksame Abschluss eines (Makler-)Vertrages in Form der vorstehend dargelegten Qualifizierungen. Gerade dieser wesentliche Topos wird in der Praxis seitens der Makler oftmals nicht hinreichend beachtet und führt mitunter zu dem Verlust eines entsprechenden Zahlungsanspruches auch bei tatsächlich zustandegekommenen Hauptgeschäften.

Der Zivilgesetzgeber hat im Besonderen Teil des Schuldrechts den Vertragstypus des Maklervertrages in den §§ 652 ff. BGB mit einigen wenigen Vorgaben, versehen. Abseits einzelner zwingender Sonderregelungen ist das Maklerrecht weitgehend als dispositiv anzusehen und dem Parteiwillen unterworfen, sodass individualrechtliche Vereinbarungen und/oder die Verwendung allgemeiner Geschäftsbedingungen als üblich anzusehen sind. Individuell ausgehandelte Abreden, die von dem gesetzlichen Leitbild des Maklervertrages abweichen, sind im Rahmen von Treu und Glauben grundsätzlich gültig. Regelungen in allgemeinen Geschäftsbedingungen sind an den §§ 305 ff. BGB zu messen und erweisen sich in der Praxis durchaus als kritisch.

Ausgangsbasis bildet die gesetzliche Regelung des § 652 BGB, wonach derjenige, welcher für den Nachweis der Gelegenheit zum Abschluss eines Vertrags oder für die Vermittlung eines Vertrags einen Maklerlohn verspricht, zur Entrichtung des Lohnes (nur) verpflichtet ist, wenn der Vertrag infolge des Nachweises oder infolge der Vermittlung des Maklers zustande kommt.

4.2.1 Form des Vertrages

Aufgrund des im BGB normierten Prinzips der Vertragsfreiheit ist es den Vertragspartnern grundsätzlich möglich, Verträge ohne Beachtung einer bestimmten Form abzuschließen, so denn eine solche nicht gesondert als zwingend normiert wurde.

Der Abschluss eines Maklervertrages bedarf – auch wenn er seiner Natur nach entweder auf eine reine Immobilientransaktion in Form eines *„asset-deals"* oder aber einen Firmenkauf in Form eines *„share-deals"* an einer Grundbesitz haltenden Gesellschaft gerichtet ist, welche selbst gemäß § 311b BGB, § 15 GmbHG dem notariellen Beurkundungserfordernis unterworfen sind – grundsätzlich keiner besonderen Form und kann demzufolge unproblematisch auch mündlich abgeschlossen werden. Letztgenanntes Vorgehen empfiehlt sich, wie bei allen anderen formlos wirksam abschließbaren Verträgen auch, allerdings bereits allein aus Beweislastgründen nicht.

Gleichwohl gilt auch an dieser Stelle der Grundsatz des *exceptio probat regulam in casibus non exceptis.*

Soweit nämlich der Erwerb von Wohnungseigentumseinheiten sowie die Anmietung von Wohnraum gegenständlich sind, reicht der Abschluss eines mündlichen Vertrages nicht aus.

Hat der Maklervertrag den Nachweis der Gelegenheit zum Abschluss eines Kaufvertrags über eine Wohnung oder ein Einfamilienhaus oder die Vermittlung eines solchen Vertrags zum Gegenstand, bedarf selbiger gemäß § 656a BGB der Textform.

Der Anwendungsbereich erstreckt sich dabei nur auf den Abschluss eines Kaufvertrages über eine Wohnung oder ein Einfamilienhaus, d. h. der Vertragsgegenstand bezieht sich auf den Erwerb eines der beiden Transaktionsgegenstände. Unter einem Einfamilienhaus versteht man dabei ein Gebäude, welches in erster Liniere der Deckung des Wohnbedarfes einer Familie dient. Unter der Begrifflichkeit der Wohnung versteht man jede Zusammenfassung von Räumen, welche die dauernde Nutzung zur Führung eines privaten Haushalts ermöglicht.

Im Bereich der Pflegeimmobilien ist es nun aber durchaus üblich, dass nicht nur ein ganzes Gebäude an einen Betreiber zum Betrieb einer Pflegeeinrichtung vermietet wird. Vielmehr kommt es auch vor, dass ein Gebäudekörper auf einer

Grundbesitzfläche zunächst in WEG-Eigentum aufgeteilt und danach sämtliche Einheiten an Einzelpersonen veräußert werden. Teilweise handelt es sich bei den Erwerbern um Personen, welche sich in Hinblick auf eigenen künftigen Pflegebedarf bereits frühzeitig einen Pflegeplatz sichern wollen und mit dem jeweiligen Betreiber, welcher die gesamte Immobilie anmietet bzw. anpachtet, entsprechende schuldrechtliche Vereinbarungen treffen. Teilweise handelt es sich aber auch um Investoren, die mehrere Einheiten in ihr Immobilienportfolio aufnehmen wollen. Bezüglich eines derartigen gleichzeitigen Erwerbs von mehreren Wohnungen im Bündel finden die §§ 656a BGB keine Anwendung.

Im Gegensatz zu den nachfolgenden Regelungen der §§ 656b bis d BGB ist es für den Anwendungsbereich des Textformerfordernisses nach § 656a BGB keine Voraussetzung, dass es sich bei dem Erwerber (und Vertragspartner des Maklers) um einen Verbraucher handelt. Die Textform ist daher auch erforderlich, wenn der Makler nicht als Unternehmer tätig wird oder sein Vertragspartner keine natürliche Person ist bzw. Letztgenannte im Rahmen ihrer gewerblichen oder selbständigen beruflichen Tätigkeit agiert.

Bei demjenigen, welcher den Abschluss von Mietverträgen über Wohnräume vermittelt oder die Gelegenheit zum Abschluss von Mietverträgen über Wohnräume nachweist, handelt es sich um einen sog. Wohnungsvermittler im Sinne des Gesetzes zur Regelung der Wohnungsvermittlung (WoVermRG). Auch derartige Vermittlungsverträge müssen mindestens in Textform geschlossen werden, wie sich aus § 2 Absatz 1 Satz 2 WoVermRG ergibt.

Die Textform selbst bestimmt sich nach § 126b BGB, wonach eine lesbare Erklärung, in der die Person des Erklärenden genannt ist, auf einem dauerhaften Datenträger abzugeben ist. Von einem dauerhaften Datenträger ist bei jedem Medium auszugehen, das es dem Empfänger ermöglicht, eine auf dem Datenträger befindliche, an ihn persönlich gerichtete Erklärung so aufzubewahren oder zu speichern, dass sie ihm während eines für ihren Zweck angemessenen Zeitraums zugänglich ist, und geeignet ist, die Erklärung unverändert wiederzugeben. In Betracht kommt daher der Vertragsabschluss beispielsweise auf dem traditionellen Papierwege, via E-Mail, Computerfax etc. Zur Erfüllung der Abschlussfunktion des Textes kommt nach höchstrichterlicher Rechtsprechung neben der Namensunterschrift beispielsweise auch ein Zusatz wie *„Diese Erklärung ist nicht unterschrieben"* oder eine eingescannte Unterschrift in Betracht.

Wird die vorgeschriebene Textform nicht beachtet, ist der entsprechende Maklervertrag gemäß § 125 Satz 1 BGB als nichtig anzusehen und der Makler kann nicht auf ein Courtageverlangen rekurrieren.

4.2.2 Schriftlicher/Mündlicher Vertragsabschluss – Einigung über die Essentialia Negotii

Im Idealfall haben die Parteien einen schriftlichen Maklervertrag abgeschlossen. Sofern nicht die Textform, wie unter vorstehender Gliederungsziffer ausgeführt, erforderlich ist, reicht allerdings auch der Abschluss eines (unsererseits nicht empfohlenen) mündlichen Maklervertrages aus.

Gemäß den Vorschriften des Allgemeinen Teils des BGB besteht ein Vertrag aus zwei Willenserklärungen, welche eine inhaltliche Bezogenheit aufweisen; dem Angebot und der Annahme. Ersteres ist eine Willenserklärung, die darauf abzielt, mit einer anderen Person einen Vertrag einzugehen; Letztere bestätigt die angetragene Offerte.

Der reine Aushang in dem Büro des Maklers, das Schalten einer Annonce in Printmedien oder Immobilienbeschreibungen im Internet auf einer Plattform des Maklers, stellen indes keine Angebote, sondern lediglich eine unverbindliche sog. *„invitatio ad offerendum"* dar. Dies bedeutet, dass der Kunde bei entsprechender Kontaktaufnahme zunächst dem Makler ein Vertragsangebot unterbreitet, welches dieser sodann annehmen kann.

Um einen Vertrag wirksam abzuschließen, müssen sich die Parteien allerdings grundsätzlich über die sog. *„Essentialia negotii"*, mithin *„die wesentlichen Eigenschaften des Geschäfts"*, einigen. Diese beinhalten – je nach konkretem Vertragstyp – üblicherweise die genaue Bezeichnung der Vertragsparteien, den konkreten Vertragsgegenstand und die hierfür geschuldete Gegenleistung. Beim Kaufvertrag wären dies beispielsweise Verkäufer und Erwerber, der Verkaufsgegenstand und der Kaufpreis; beim Mietvertrag Vermieter und Mieter, der Mietgegenstand und der Mietzins.

Beim Maklervertrag beinhaltet der Vertrag die genaue Bezeichnung des Maklers und seines Vertragspartners, die präzise Beschreibung des nachzuweisenden bzw. zu vermittelnden Vertragsgegenstandes (beispielsweise genauer Beschrieb der zum Erwerb gesuchten/der anzubietenden Immobilie, Preisvorstellungen) sowie die für den Erfolgsfalle zu entrichtende Provisionshöhe.

Die Regelung des § 653 BGB ermöglicht allerdings den rechtswirksamen Vertragsabschluss auch dann, wenn sich die Parteien nicht über die konkrete Höhe der Maklercourtage, mithin eines der *„essentialia negotii"*, abgestimmt haben. Denn ein Maklerlohn gilt als stillschweigend vereinbart, wenn die dem Makler übertragene Leistung den Umständen nach nur gegen eine Vergütung zu erwarten ist. Ist die Höhe der Vergütung nicht bestimmt, so ist bei dem Bestehen einer Taxe der taxmäßige Lohn, in Ermangelung einer Taxe der übliche Lohn als vereinbart anzusehen.

Zu beachten ist in diesen Fallgestaltungen aber, dass diese gesetzliche Vorgabe des § 653 BGB den Abschluss eines Maklervertrages per se voraussetzt; es wird demzufolge lediglich *„der taxmäßige Lohn/die übliche Vergütung"* angesetzt, nicht aber der Vertragsschluss selbst fingiert. Beide Parteien müssen daher verbindlich ein Maklervertragsverhältnis begründen wollen.

4.2.3 Konkludenter Vertragsabschluss

Haben die Parteien einen mündlichen oder schriftlichen Maklervertrag abgeschlossen, ist eines der wesentlichen Problemfelder ausgeräumt.

Die Praxis sieht indes anders aus. Der Erstkontakt ist zumeist auf eine Initiative des Maklers zurückzuführen, sei es beispielsweise durch Publikationen im Internet, Printmedien, Aushängen im Maklerbüro selbst oder aber direkte Übersendung eines Exposés, in welchem teilweise detaillierte Transaktionsinformationen, einschließlich Kontaktdaten eines Veräußerers/Vermieters enthalten sind.

An dieser Stelle muss dann hinterfragt werden, ob und inwieweit je nach konkreten weiteren Handlungsabläufen gleichwohl von einem entgeltpflichtigen Vertragsabschluss ausgegangen werden kann, wenn der Erklärungsempfänger die ihm zugänglich gemachten Informationen verwendet und es im weiteren zeitlichen Fortgang zum Abschluss des intendierten Vertrages (Kauf- oder Mietvertrag) kommt.

Verträge können nämlich nicht nur in mündlicher oder schriftlicher Form abgeschlossen werden, sondern auch durch sogenanntes konkludentes Verhalten. Letztgenanntes bedeutet vereinfacht ausgedrückt, dass eine Person durch ihr Verhalten zum Ausdruck bringt, einen Vertrag abschließen zu wollen, und zwar gleich ob aufseiten des Anbieters oder des Annehmenden. In bestimmten Fällen kann sogar ein Schweigen als Annahme eines Angebots gelten, wenn die Parteien dies eindeutig vereinbart haben oder wenn es eine Rechtsvorschrift bestimmt (§ 151 BGB).

Ausweislich der höchstrichterlichen Rechtsprechung, erklärt derjenige, der sich an einen Makler wendet, welcher mit *„Angeboten"* werbend im geschäftlichen Verkehr auftritt, damit noch nicht schlüssig seine Bereitschaft zur Zahlung einer Maklerprovision für den Fall, dass ein Vertrag über das angebotene Objekt zustande kommt. Der Interessent darf nämlich, soweit ihm Gegenteiliges nicht bekannt ist, davon ausgehen, dass der Makler das Objekt von dem Verkäufer an die Hand bekommen hat und deshalb mit der angetragenen Weitergabe von Informationen eine Leistung für den Anbieter erbringen will. Ohne weiteres braucht der Kaufinteressent in einem solchen Fall nicht damit zu rechnen, dass der Makler auch von ihm eine Provision erwartet. Selbst die Besichtigung des Verkaufsobjekts zusammen mit dem Makler reicht bei dieser Sachlage für einen schlüssigen, d. h. konkludenten Vertragsschluss nicht aus.

Anders fällt die rechtliche Wertung allerdings aus, wenn der Makler den Kaufinteressenten unmissverständlich auf eine von ihm im Erfolgsfall zu zahlende Käuferprovision hingewiesen hat. Ein Kaufinteressent, der in Kenntnis des eindeutigen Provisionsverlangens die Dienste des Maklers in Anspruch nimmt, gibt damit grundsätzlich in schlüssiger Weise zu erkennen, dass er den in dem Provisionsbegehren liegenden Antrag auf Abschluss eines Maklervertrages annehmen will.

Ein ausdrückliches Provisionsverlangen im Exposé reicht nach höchstrichterlicher Rechtsprechung dabei im Allgemeinen als ein solcher *„deutlicher Hinweis"*, aus.

Als nicht ausreichend dürfte es demgegenüber anzunehmen sein, wenn der Makler in seinen *„Angebotsunterlagen"/„Exposés"* lediglich in abstrakter Form auf eine allgemeine Provisionspflicht oder aber auf seine Allgemeinen Geschäftsbedingungen verweist, die wiederum ein allgemeines Courtagebegehren in Bezug nehmen. Gerade bei letztgenannten Vertragsbedingungen dürfte von einem Verstoß gegen die §§ 308 Nr. 5 Buchst. A, 307 Absatz 2 Nr. 1 BGB auszugehen sein.

Weitergehend bleibt zu beachten, dass Maklerverträge, deren Abschluss dem Textformerfordernis unterworfen sind, grundsätzlich nicht konkludent abgeschlossen werden können.

4.2.4 Laufzeit und Beendigung des Vertrages

Der Maklervertrag kann, für einen bestimmten Zeitraum oder aber von unbestimmter Dauer abgeschlossen werden.

Üblicherweise wird der einfache Maklervertrag auf unbestimmte Zeit abgeschlossen. Dies hat zur Folge, dass der Vertrag von beiden Parteien jederzeit gekündigt werden kann; Fristen sind nicht einzuhalten. Als möglich erweist sich gleichsam der Abschluss eines Aufhebungsvertrages. Zu beachten ist indes, dass der Auftraggeber sich nicht einer Provisionszahlungspflicht dadurch entziehen kann, dass er den Maklervertrag nach Leistungserbringung des Maklers aufkündigt.

4.2 Abschluss eines rechtswirksamen Maklervertrages

Makleralleinverträge oder qualifizierte Makleralleinverträge werden demgegenüber im Regelfall lediglich für einen bestimmten Zeitraum abgeschlossen. Ob eine derartige Laufzeitbindung unter Verwendung Allgemeiner Geschäftsbedingungen erfolgen kann, muss differenziert betrachtet werden. So dürfte sich lediglich im Rahmen eines Makleralleinvertrages eine Bindungsfrist von sechs Monaten sowie eine automatische Verlängerung um jeweils drei Monate bei unterbliebener Kündigung des Auftraggebers als unproblematisch erweisen, ist doch Letztgenannter dazu berechtigt, weitere Dritte Makler einzubinden oder selbst tätig zu werden.

Ist die Laufzeit des Vertrages wirksam fest bestimmt worden, sei es durch Allgemeine Geschäftsbedingungen oder in Form der Individualabrede, endet diese automatisch mit Auslauf der entsprechenden Zeitperiode. Eine vorzeitige Beendigung kommt lediglich in Form einer Aufhebungsvereinbarung oder aber durch außerordentliche Kündigung aus wichtigem Grunde in Betracht.

Sämtliche Maklerverträge finden, wegen des höchstpersönlichen Charakters der zu erbringenden Leistung, automatisch ihre Beendigung mit Tod des Maklers; nicht indes mit Ableben des Auftraggebers, soweit der Vertragsgegenstand nicht auf dessen persönliche Bedürfnisse ausgerichtet war, z. B. Vermittlung einer Wohnung in einer Pflegeimmobilie.

4.2.5 Provisionshöhe – Vertragsfreiheit

Grundsätzlich herrscht im Deutschen Recht die sogenannte Vertragsfreiheit vor. Sie ist als Ausfluss der durch Art. 2 Absatz 1 Grundgesetz (GG) geschützten allgemeinen Handlungsfreiheit zu verstehen und erlaubt es jedermann, nach freien Erwägungen Verträge abzuschließen. Diese Freiheit bezieht sich dabei nicht nur auf den eigentlichen Abschluss des Vertrages selbst, sondern auch auf die inhaltliche Ausgestaltung desselben. Die Grenzen der Vertragsfreiheit finden sich selbstredend in einem Verstoß gegen zwingende Vorschriften des geltenden Rechts, gesetzliche Verbote oder die guten Sitten.

Die Parteien eines Maklervertrages können sich daher vom Grundsatz her, innerhalb der vorbeschriebenen Grenzen frei über die Höhe der zu entrichtenden Maklercourtage vereinbaren.

Zu beachten sind in diesem Kontext allerdings zunächst die Sonderregelungen in den §§ 656c und 656d BGB.

Lässt sich der Makler von beiden Parteien des Kaufvertrags über eine Wohnung oder ein Einfamilienhaus einen Maklerlohn versprechen, so kann dies gemäß § 656c BGB nur in der Weise erfolgen, dass sich die Parteien in gleicher Höhe verpflichten. Vereinbart der Makler mit einer Partei des Kaufvertrags, dass er für diese unentgeltlich tätig wird, kann er sich auch von der anderen Partei keinen Maklerlohn versprechen lassen. Ein Erlass wirkt auch zugunsten des jeweils anderen Vertragspartners des Maklers. Diese Regelung gilt allerdings nur dann, wenn es sich bei dem Käufer um einen Verbraucher handelt.

Der Makler kann daher vom (Verbraucher-)Käufer maximal eine Provision in Höhe der Verkäuferprovision verlangen und annehmen. Zahlt der Verkäufer demgegenüber keine Maklerprovision, darf der Makler auch vom Käufer keine Provision fordern oder annehmen.

Hat nur eine Partei des Kaufvertrags über eine Wohnung oder ein Einfamilienhaus einen Maklervertrag abgeschlossen und handelt es sich bei dem Käufer um einen Verbraucher, ist eine Vereinbarung, die die andere Partei zur Zahlung oder Erstattung von Maklerlohn verpflichtet, gemäß § 656d BGB nur wirksam, wenn die Partei, die den Maklervertrag abgeschlossen hat, zur Zahlung des Maklerlohns mindestens in gleicher Höhe verpflichtet bleibt. Auch durch eine entsprechende Maklerklausel im Kaufvertrag kann daher der Verkäufer maximal die Hälfte seiner gegenüber dem Makler bestehenden Provisionsverpflichtung auf den (Verbraucher)Käufer abwälzen.

Der Anspruch gegen die andere Partei wird zudem erst fällig, wenn die Partei, die den Maklervertrag abgeschlossen hat, ihrer Verpflichtung zur Zahlung des Maklerlohns nachgekommen ist und sie oder der Makler einen Nachweis hierüber erbringt.

Diese Regelungen sind nicht dispositiv und keiner abweichenden Parteivereinbarung zugänglich.

Weitere Sonderreglungen sind in dem Gesetz zur Regelung der Wohnungsvermittlung (WoVermRG) enthalten, die sich auf Courtageausschlüsse, den Courtagverpflichteten sowie die Courtagehöhe beziehen.

Einzelne Courtageausschlüsse finden sich in § 2 Absatz 2 WoVermRG. So kann der Wohnungsvermittler keine Courtageansprüche erheben, wenn durch den Mietvertrag ein Mietverhältnis über dieselben Wohnräume fortgesetzt, verlängert oder erneuert wird (Nr. 1), der Mietvertrag über Wohnräume abgeschlossen wird, deren Eigentümer, Verwalter, Mieter oder Vermieter der Wohnungsvermittler ist (Nr. 2), oder der Mietvertrag über Wohnräume abgeschlossen wird, deren Eigentümer, Verwalter oder Vermieter eine juristische Person ist, an der der Wohnungsvermittler rechtlich oder wirtschaftlich beteiligt ist (Nr. 3). Das gleiche gilt, wenn eine natürliche oder juristische Person Eigentümer, Verwalter oder Vermieter von Wohnräumen ist und ihrerseits an einer juristischen Person, die sich als Wohnungsvermittler betätigt, rechtlich oder wirtschaftlich beteiligt ist.

Überdies gilt das in § 2 (1a) WoVermRG normierte sogenannte Bestellerprinzip. Der Wohnungsvermittler darf vom Wohnungssuchenden für die Vermittlung oder den Nachweis der Gelegenheit zum Abschluss von Mietverträgen über Wohnräume kein Entgelt fordern, sich versprechen lassen oder annehmen, es sei denn, der Wohnungsvermittler holt ausschließlich wegen des Vermittlungsvertrags mit dem Wohnungssuchenden vom Vermieter oder von einem anderen Berechtigten den Auftrag ein, die Wohnung anzubieten (§ 6 Absatz 1).

Die Begrenzung der Maklercourtage für den Wohnungsuchenden der Höhe nach ergibt sich aus § 3 Absatz 2 WoVermRG. Danach ist das Entgelt in einem Bruchteil oder Vielfachen der Monatsmiete anzugeben und darf für den Wohnungssuchenden für die Vermittlung oder den Nachweis der Gelegenheit zum Abschluss von Mietverträgen über Wohnräume zwei Monatsmieten zuzüglich der gesetzlichen Umsatzsteuer nicht übersteigen. Nebenkosten, über die gesondert abzurechnen ist, bleiben bei der Berechnung der Monatsmiete dabei unberücksichtigt.

Auch hier sind die Regelungen nicht dispositiv und keiner abweichenden Parteivereinbarung zugänglich.

4.2.6 Entstehung/Fälligkeit des Courtageanspruches

Bei der Maklercourtage ist zwischen der Entstehung und der Fälligkeit des Anspruches zu differenzieren, wenngleich eine solche in der Praxis zumindest bezogen auf die korrekte Verwendung der Rechtstermini zumeist unterbleibt.

Wie sich aus § 652 Absatz 1 Satz 1 BGB ergibt, entsteht die Courtage mit Abschluss des rechtsgültigen Hauptvertrages. Wenn nun eine Zeit für die Leistung weder bestimmt noch aus den Umständen zu entnehmen ist, kann der Makler auf § 271 BGB zurückgreifen und die Leistung, d. h. Zahlung der Courtage, sofort verlangen.

In der Praxis finden sich oftmals die Zahlung der Courtage aufschiebende vertragliche Regelungen. So kann es aus verschiedenen Erwägungen heraus betrachtet durchaus sinnvoll sein, die Courtagezahlungspflicht des Auftraggebers an den an ihn gerichteten Zahlungsfluss zu koppeln. Ob es sich hierbei lediglich um eine die Fälligkeit auf einen späteren Zeitpunkt verlagernde (Fälligkeits-) Bestimmung handelt oder aber per se die Entstehung des Courtageanspruches selbst von den Parteien als maßgebend in Bezug genommen wurde, ist jeweils für den Einzelfall zu entscheiden. Die Beantwortung der Frage kann sich insbesondere dann von großer Relevanz erweisen, wenn beispielsweise ein Rücktritt vom Kaufvertrag wegen eines Zahlungsverzuges erfolgt.

Ungeachtet des Vorstehenden hat der Makler bei der Fälligkeit seiner Provision die in § 656d BGB normierte Sonderregelungen im Blick zu haben. Hat danach nur eine Partei des Kaufvertrags über eine Wohnung oder ein Einfamilienhaus einen Maklervertrag abgeschlossen, ist eine Vereinbarung, welche die andere Partei zur Zahlung oder Erstattung von Maklerlohn verpflichtet, nur wirksam, wenn die Partei, die den Maklervertrag abgeschlossen hat, zur Zahlung des Maklerlohns mindestens in gleicher Höhe verpflichtet bleibt. Der Anspruch gegen die andere Partei wird sodann erst fällig, wenn die Partei, die den Maklervertrag abgeschlossen hat, ihrer Verpflichtung zur Zahlung des Maklerlohns nachgekommen ist und sie oder der Makler einen Nachweis hierüber erbringt, immer vorausgesetzt, dass es sich bei dem Käufer um einen Verbraucher handelt.

4.2.7 Rechtswirksamkeit Maklervertrag

Der Maklervertrag muss selbstredend rechtwirksam zustandegekommen sein. Daran kann es aus den im Allgemeinen Teil des Bürgerlichen Gesetzbuches normierten Gründen scheitern, beispielsweise an der Geschäftsfähigkeit (§§ 104 ff. BGB), einem Scheingeschäft (§ 117 BGB) oder an der Anfechtbarkeit wegen Irrtumes oder arglistiger Täuschung (§§ 119 ff. BGB), welche bei erfolgreicher Anfechtungserklärung eine ex tunc Wirkung entfalten, mithin das Rechtsgeschäft als von Anfang an nichtig ansehen lassen.

Von größerer Relevanz sind indes Fragestellungen im Kontext einer Sittenwidrigkeit der begehrten Maklercourtage.

Ausweislich der gesetzlichen Regelung in § 138 Absatz 1 BGB ist ein Rechtsgeschäft, das gegen die guten Sitten verstößt, nichtig. Nichtig ist gemäß § 138 Absatz 2 BGB dabei insbesondere ein Rechtsgeschäft, durch das jemand unter Ausbeutung der Zwangslage, der Unerfahrenheit, des Mangels an Urteilsvermögen oder der erheblichen Willensschwäche eines anderen sich oder einem Dritten für eine Leistung Vermögensvorteile versprechen oder gewähren lässt, die in einem auffälligen Missverhältnis zu der Leistung stehen.

Die Provisionsvereinbarung des Kunden mit dem Makler ist als sittenwidrig anzusehen, wenn zwischen der Höhe der versprochenen Vergütung und der dafür zu erbringenden Leistung ein auffälliges Missverhältnis besteht und weitere Umstände hinzutreten, beispielsweise eine verwerfliche Gesinnung des Maklers oder eine Ausnutzung einer schwierigen Lage des Geschäftspartners. Ein auffälliges Missverhältnis legt dabei den Schluss auf eine verwerfliche Gesinnung desjenigen nahe, der sich die überhöhte Vergütung hat versprechen lassen.

4.2 Abschluss eines rechtswirksamen Maklervertrages

Die höchstrichterliche Rechtsprechung hat bei gegenseitigen Verträgen ein die Sittenwidrigkeit begründendes auffälliges Missverhältnis in der Regel bejaht, wenn der Preis knapp doppelt so hoch ist wie der Wert der Gegenleistung oder beispielsweise ein geforderter Darlehenszins den marktüblichen Zins um etwa 100 % übersteigt. Kommt ein Kaufvertrag über ein Grundstück durch Vermittlung des Maklers zustande, steht ihm üblicherweise gegen die Partei, die ihn beauftragt hat, eine Provision zwischen 3 und 5 % des Kaufpreises zu, sodass sich Provisionsforderungen ab einer Höhe von 10 % als problematisch erweisen dürften.

Gleichwohl handelt es sich hierbei nicht um einen Automatismus, nachdem auf die vertraglichen Leistungspflichten und ihren jeweiligen Wert im Detail abzustellen ist. So ist im Rahmen der Beurteilung des Wertes der seitens eines Maklers vertraglich übernommenen Leistung darauf abzustellen, ob es sich bei der Vertragsbeziehung um einen Maklervertrag im Sinne von § 652 BGB, einen Maklerdienstvertrag oder um einen aus einem Dienstvertrag und einem Maklervertrag zusammengesetzten Vertrag handelt. Soweit beispielsweise der Makler auf eigene Kosten für den Auftraggeber beispielsweise Wertgutachten in Auftrag gibt, kann auch eine höhere Courtageforderung im Einzelfall berechtigt sein.

Die Unwirksamkeit der Provisionsvereinbarung hat gemäß § 139 BGB die Unwirksamkeit des gesamten Vertrags zur Folge.

4.2.8 Fehlerquelle: Vereinbarung einer „Vertragsstrafe", „Bindungsentgelts" etc

Eine beliebte Fehlerquelle im Kontext des Abschlusses von Maklerverträgen ist die formlose Vereinbarung einer Zahlungspflicht des Maklerkunden, wenn dieser im weiteren zeitlichen Fortgang den Abschluss des Hauptvertrages nicht vornimmt.

Solche Regelungen finden sich mitunter in Form eines *„Bindungsentgelts"*, einer *„Reservierungsgebühr"* oder aber direkt als *„erfolgsunabhängigen Zahlungsverpflichtung"* für den Fall, dass ein nachgewiesenes oder vermitteltes Objekt nicht erworben wird.

Grundstückskaufverträge sowie Verträge über Geschäftsanteile bedürfen gemäß § 311b BGB, § 15 GmbHG der notariellen Beurkundung. Der Beurkundungszwang besteht in generischer Betrachtung unter anderem in einer Warn- und Schutzfunktion sowie einer Beratungs- und Schutzfunktion. Den Vertragsparteien soll verdeutlicht werden, dass es sich bei diesem Geschäft nicht um ein gewöhnliches Alltagsgeschäft handelt, mithin nicht übereilt gehandelt werden soll. Zudem sollen die Vertragsparteien durch einen zu Objektivität verpflichteten Notar beraten und von diesem angemessene Verträge abgefasst werden.

Im Rahmen des Maklervertrages steht es dem Vertragspartner des Maklers frei, ob er den (beurkundungspflichtigen) Hauptvertrag abschließt oder davon Abstand nimmt und dadurch die Maklercourtage verwirkt ist oder nicht. Daher besteht ein Schutzbedürfnis des Maklers zunächst einmal nicht.

Formbedürftig sind in diesem Zusammenhang aber auch solche Vereinbarungen, die für den Fall der Nichtveräußerung oder des Nichterwerbs ins Gewicht fallende wirtschaftliche Nachteile vorsehen und so einen Druck bzw. Zwang zu Veräußerung oder zum Erwerb begründen.

Ist daher die Verpflichtung des Maklerkunden in den Vertrag aufgenommen worden, dass dieser eine ihm nachgewiesene/vermittelte Gelegenheit zum Abschluss eines der hier gegenständlichen Verträge wahrzunehmen und den Hauptvertrag abzuschließen hat, wird auch der Maklervertrag vom Schutzweck des Beurkundungserfordernisses umfasst und bedarf dann gleichsam der notariellen Beurkundung.

In den Fallgestaltungen, in denen zwar keine Abschlussverpflichtung zwischen den Vertragsparteien statuiert wurde, der Maklerkunde indes eine *„erfolgsunabhängige Zahlungsverpflichtung"* eingegangen ist, wird er durch eine solche Verpflichtung in seiner freien Entscheidung wesentlich beeinträchtigt und in eine Zwangssituation gebracht. Demzufolge nimmt hier die obergerichtliche Rechtsprechung in analoger Anwendung der § 311b BGB, § 15 GmbHG eine Beurkundungspflicht an.

Der Makler kann diesem Erfordernis auch nicht dadurch entgehen, dass er einen Abschlag von der Courtageforderung, welche im Falle des Abschlusses des Hauptvertrages zu zahlen wäre, vornimmt und dies als *„Bindungsentgelt"* bzw. *„Reservierungsgebühr"* bezeichnet. In Betracht kommen allenfalls Verpflichtungen zur Zahlung von Beträgen, welche von der Rechtsprechung regelmäßig bei 10 % der üblichen Maklerprovision angesetzt werden. Bis zu dieser *„kritischen Grenze"* wird davon ausgegangen, dass ein indirekter Erwerbszwang über den Vertragsgegenstand nicht ausgeübt wird.

Zwar kann der Makler eine *„höhere Entschädigung"* oder aber eine erfolgsunabhängige Provision vereinbaren, dies allerdings nur in Form eine notariell beurkundeten Vertrages; anderenfalls ist der Maklervertrag nach § 125 Satz 1 BGB als nichtig anzunehmen.

4.3 Maklertätigkeit

Wer für den Nachweis der Gelegenheit zum Abschluss eines Vertrags oder für die Vermittlung eines Vertrags einen Maklerlohn verspricht, ist gemäß § 652 Absatz 1 BGB zur Entrichtung des Lohnes (nur) verpflichtet, wenn der Vertrag infolge des Nachweises oder infolge der Vermittlung des Maklers zustande kommt.

Der Lohnanspruch des Maklers setzt daher eine von diesem erbrachte Tätigkeit voraus, welche in dem Nachweis der Gelegenheit zum Abschluss eines Vertrags oder in der Vermittlung eines Vertrags bestehen kann (Abb. 4.3).

Nachweis und Vermittlung sind dabei nach obergerichtlicher Rechtsprechung als gleichwertig nebeneinanderstehende Maklertätigkeiten anzusehen. Die Vermittlung ist daher qualitativ etwas anderes und stellt keine umfassendere Nachweistätigkeit dar. Es empfiehlt sich daher, im Rahmen des Maklervertrages ausdrücklich zu regeln, welche Tätigkeit durch den Makler geschuldet ist; anderenfalls ist diese im Rahmen einer Auslegung einer Ermittlung zuzuführen.

Die Differenzierung zwischen beiden Tätigkeitsarten wird in der Praxis zumeist nicht hinreichend beachtet, erweist sich allerdings durchaus im Rahmen einer – ebenfalls anspruchsvoraussetzenden – Kausalität des Maklerhandelns und einer potenziellen Vorkenntnis des Auftraggebers sowie einer Doppeltätigkeit des Maklers von Relevanz.

4.3.1 Nachweistätigkeit

Zur Erbringung eines Nachweises ist es erforderlich, dass der Makler seinen Auftraggeber mit derart konkreten Informationen ausstattet, dass selbiger dazu in die Lage versetzt wird, konkrete Verhandlungen mit dem Vertragspartner des Hauptgeschäfts aufzunehmen. Demzufolge werden grundsätzlich die Benennung eines konkreten Objektes sowie Namen und Kontaktdaten des potenziellen Vertragspartners zu offenbaren sein. Gleichsam als ausreichend ist es anzunehmen, wenn

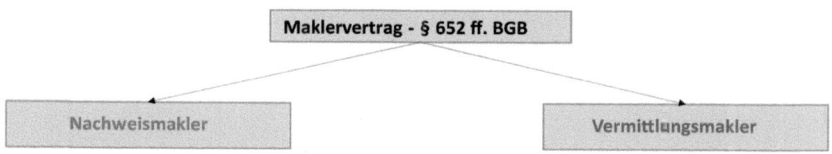

Abb. 4.3 Übersicht Maklertätigkeit

die Benennung eines Verkäufers erfolgt, welcher den Verkaufsgegenstand erst noch erwerben muss, hierzu und zur Weiterveräußerung an den Auftraggeber aber bereit ist.

Ferner hindert allein die Kenntnis des Objekts seitens des Auftraggebers nicht, dass eine Nachweistätigkeit erbracht wird. Gegenstand des Nachweises eines Immobilienmaklers ist nämlich nicht eine bestimmte Immobilie, sondern die Möglichkeit, über selbige einen Vertrag abzuschließen. Kennt daher der Auftraggeber zwar die Immobilie, hatte aber von der Verkaufsbereitschaft des Eigentümers oder dessen Kontaktdaten keine Kenntnis, erweist sich eine derartige Vorkenntnis als unschädlich.

Als nicht ausreichend ist es demgegenüber anzusehen, wenn dem Maklerkunden lediglich ermöglicht wird, eigene Ermittlungen anzustellen, dies zumindest, wenn nach bloßem Objektnachweis diese erforderlichen Daten nicht ohne weiteres durch den Auftraggeber selbst ermittelt werden können. Gleichsam ist ein Nachweis zu negieren, wenn einem Maklerkunden lediglich eine Namensliste übersandt wird, die selbiger dann selbst abarbeiten muss, um das Interesse der aufgeführten Personen zu ermitteln oder der Makler eine Person benennt, welche ihrerseits erst den potenziellen konkreten Verkäufer benennt.

4.3.2 Vermittlungstätigkeit

Unter einer Vermittlungstätigkeit versteht man die aktive beratende Beteiligung des Maklers bei den Verhandlungen der beiden Vertragsparteien und Hinwirken auf einen Vertragsabschluss. Eine solche Tätigkeit setzt daher das bewusste und zweckgerichtete Herbeiführen oder Fördern der Abschlussbereitschaft des künftigen Vertragspartners durch eine aktive Einwirkung auf die Willensbildung voraus, wobei der Makler ein nicht nur völlig unbedeutendes Motiv für den Vertragsschluss gesetzt haben muss.

Was letztendlich konkret für eine provisionsauslösende Vermittlungstätigkeit erforderlich ist, kann nur im Einzelfall beurteilt werden.

Wird beispielsweise lediglich ein Exposé übermittelt, eine Kaufpreisvorstellung kommuniziert, ein Besichtigungstermin ermöglicht oder ein Notar mit der Beurkundung des Kaufvertrags beauftragt, ist eine Vermittlungstätigkeit zu negieren.

4.4 Kausalität

§ 652 Absatz 1 BGB erfordert für den Courtageanspruch des Maklers, dass der Hauptvertrag infolge des Nachweises oder infolge der Vermittlung des Maklers zustande kommt.

Erforderlich ist daher ein kausales Maklerverhalten im Sinne des Nachweises oder der Vermittlung für den Abschluss des eigentlichen Hauptvertrages. Dabei ist es als ausreichend anzunehmen, wenn die Tätigkeit des Maklers als mitursächlich anzunehmen ist und nicht nur eine zufällige Auslösung des Erfolgs herbeigeführt hat.

4.4.1 Zeitlicher Zusammenhang

Die Darlegungs- und Beweislast für ein kausales Handeln obliegt grundsätzlich dem Makler.

Allerdings kommen diesem Beweiserleichterungen zu Gute. So wird nach höchstrichterlicher Rechtsprechung auf den kausalen Verursachungsbeitrag geschlossen, wenn es in einem angemessenem Zeitabstand zu dem Abschluss des intendierten Vertrages kommt, wobei die Grenze hier bei Zeiträumen von bis zu einem Jahr gezogen wird. Für diesen Fall kann aber der Maklerkunde die Vermutung widerlegen, so beispielsweise, wenn der Verkäufer seine originäre Verkaufsabsicht aufgegeben hat und eine solche erst zu einem späteren Zeitpunkt ohne Zutun des Maklers wieder neu entstanden ist.

Beträgt der Zeitraum dagegen mehr als ein Jahr, streitet nicht mehr ein sich von selbst ergebender Schluss auf den Ursachenzusammenhang für den Makler und es verbleibt der der entsprechenden Darlegungs- und Beweislast.

4.4.2 Mehrere Makler

Nachdem der Makler lediglich eine Mitursache zum Abschluss des Hauptvertrages gesetzt haben muss, ist Vorsicht bei der Involvierung mehrerer Makler angeraten.

Ausweislich der höchstrichterlichen Rechtsprechung wird die Provision eines Nachweismaklers nämlich grundsätzlich nicht dadurch beseitigt, dass der Auftraggeber sich der Dienste eines für den Vertragsgegner auftretenden Vermittlungsmaklers bedient und diesem deswegen Provision zahlen muss. Eine

Mitursächlichkeit steht des Weiteren zur Disposition, die Verhandlungen des Kunden aufgrund des Nachweises oder der Vermittlung durch den ersten Makler temporär nicht zu dem Vertragsabschluss führen, sich aber nach Einschaltung des zweiten Maklers doch als zielführend erweisen.

4.4.3 Vorkenntnis

Vorkenntnis ist ein häufiger Einwand von Auftraggebern eines Maklers, um sich einer potenziellen Courtagezahlungspflicht zu entziehen, für die er aber selbst als vortrags- und beweisbelastet anzusehen ist.

In diesem Kontext ist allerdings zwischen dem Nachweis- und dem Vermittlungsmakler zu differenzieren. Letztgenannter schuldet die aktive beratende Beteiligung des Maklers bei den Verhandlungen der beiden Vertragsparteien und Hinwirken auf einen Vertragsabschluss. Nachdem daher die Vermittlungsleistungen das tragende Moment des Maklervertrages darstellen, kann ein Vorkenntniseinwand per se nur dem Nachweismakler entgegengehalten werden.

Das Berufen auf eine Vorkenntnis setzt indes voraus, dass dem Maklerkunden die konkrete Vertragsgelegenheit in Bezug auf die Immobilie und den Verkäufer bereits bekannt war. Hat dieser demgegenüber zwar Kenntnis von der Immobilie, wusste aber nichts ob der Verkaufsbereitschaft des Eigentümers, greift der entsprechende Vorkenntniseinwand nicht durch. Selbiges gilt, wenn der Maklerkunde Kenntnis von dem Veräußerer per se, nicht aber von dem konkreten Objekt hat.

4.5 Hauptvertrag

4.5.1 Abschluss

Der Courtageanspruch des Maklers setzt gemäß § 652 BGB weitergehend das rechtswirksame und formgültige Zustandekommen des intendierten Vertrages infolge des Nachweises oder infolge der Vermittlung des Maklers voraus.

In diesem Kontext bleibt die gesetzliche Regelung des § 158 BGB zu beachten, wonach bei einem unter einer aufschiebenden Bedingung vorgenommen Rechtsgeschäft die von der Bedingung abhängig gemachte Wirkung erst mit dem Eintritt der Bedingung eintritt. Für diese Fälle entsteht der Anspruch des Maklers auf Zahlung einer Courtage durch den Kunden erst mit Eintritt der aufschiebenden Bedingung. Wird der Vertrag allerdings unter einer auflösenden Bedingung geschlossen, ist in umgekehrter Art und Weise davon auszugehen, dass der Provisionsanspruch sofort entstanden ist und diesen unberührt lässt, es sei denn, dass der Maklervertrag eine abweichende individuelle Vereinbarung enthält.

4.5.2 Identität

Das Zustandekommen des Hauptvertrages allein ist indes nicht als ausreichend anzusehen. Vielmehr ist ein Zustandekommen des Hauptvertrages bei dessen wesentlichen Identität zu fordern. Anders ausgedrückt muss der gegenständliche und angestrebte Hauptvertrag rechtsgültig abgeschlossen worden sein und im Wesentlichen eine Identität mit dem Inhalt des Maklervertrages bezüglich des nachzuweisenden oder zu vermittelnden Geschäfts aufweisen, wobei der anzunehmende Spielraum für Abweichungen unter Berücksichtigung der Einzelfallumstände im Wege einer Vertragsauslegung zu bestimmen ist.

Weicht demgegenüber der Hauptvertrag von dem Geschäft, welches der Makler seinem Vertrag nach entsprechend nachweisen oder vermitteln sollte, entscheidend ab, kann der Makler keine Courtage verlangen. Zu beachten ist allerdings, dass die Inanspruchnahme weiterer Leistungen eines Maklers in Kenntnis einer Abweichung des Vertragsobjektes als nachträgliche, stillschweigende Änderung des Maklervertrages angesehen werden kann. Auch hier wird es auf eine Einzelfallentscheidung hinauslaufen.

Die Identität bezieht sich auf eine inhaltliche, wirtschaftliche und persönliche Gleichwertigkeit.

An Erstgenannter kann es beispielsweise fehlen, wenn es anstelle des vorgesehenen Erwerbs von Grundbesitz mit Wohnbebauung zu dem Abschluss eines Erbbaurechtsvertrages zur Bebauung mit einer Gewerbeimmobilie kommt oder der gewünschte Immobilarbesitz anstelle innerhalb eines Stadtgebietes gelegen, sich im näheren Umland befindet.

Die wirtschaftliche Identität respektive ihr Fehlen wird sich daran zu messen lassen haben, ob der Auftraggeber mit dem abgeschlossenen Vertrag im Rahmen einer Einzelfallbetrachtung ein ökonomisch gleichwertiges Ergebnis erzielt wie mit dem beabsichtigten Geschäft. Wird anstelle einer angestrebten Grundstücksfläche (Bauland) von 10.000,00 m^2 lediglich eine solche von 7.500,00 m^2 vertragsgegenständlich, dürfte von einer fehlenden wirtschaftlichen Gleichwertigkeit auszugehen sein.

An einer persönliche Identität mangelt es, wenn nicht der Maklerkunde selbst, sondern ein Dritter den Hauptvertrag abschließt. Dies ist jedoch nicht einzig als ausschlaggebendes Wertungskriterium zu sehen. Besteht zwischen dem Maklerkunden und dem Erwerber eine feste, auf Dauer angelegte familiäre oder gesellschaftsrechtliche Beziehung, ist dies letzten Endes dem Maklerkunden zuzurechnen und der Provisionsanspruch bleibt erhalten.

4.5.3 Genehmigung

Soweit der Hauptvertrag zu seiner Wirksamkeit einer Genehmigung – gleich ob öffentlich rechtlich wie beispielsweise gemäß § 2 Absatz 1 Nr. 1 Grundstücksverkehrsordnung (GVO) oder privatrechtlich bei einer (gewillkürten) WEG-Verwalterzustimmung – bedarf, führt die Nichterteilung zu einer Beseitigung des Vertrages, sodass – wie bei der aufschiebenden Bedingung – der Provisionsanspruch, abseits anderweitiger individueller Regelungen im Maklervertrag, erst mit Genehmigung entsteht.

4.5.4 Nichtigkeit des Hauptvertrages

Ist der Hauptvertrag als nichtig anzusehen, ist eine Maklercourtage nicht verdient. Als Hauptfälle der Nichtigkeit kommt eine solche wegen Geschäftsunfähigkeit gemäß § 104 BGB, wegen eines Formmangels gemäß § 125 BGB wegen eines Verstoßes gegen ein gesetzliches Verbot oder beispielsweise der Sittenwidrigkeit bzw. des Wuchers gemäß §§ 138 Absatz 1, 2 BGB in Betracht.

4.5.5 Anfechtung des Hauptvertrages

Wird der Hauptvertrag rechtswirksam wegen Irrtumes gemäß § 119 BGB oder arglistiger Täuschung bzw. widerrechtlicher Drohung gemäß § 123 BGB angefochten, ist dieser wegen des Regelungsinhaltes von § 142 BGB ex tunc, mithin von Anfang an, als nichtig anzusehen mit der Folge, dass ein Provisionsanspruch nicht gegeben ist.

4.5.6 Rücktritt vom Kaufvertrag

Eine differenzierte Betrachtung ist beim Rücktritt vom Kaufvertrag vorzunehmen.

Der Provisionsanspruch nach § 652 BGB setzt, wie dargelegt, lediglich den rechtswirksamen Abschluss des Hauptvertrages voraus; das Risiko der Vertragserfüllung liegt einzig bei den Parteien des Hauptvertrages und nicht bei dem Makler, so nicht explizit anderes individuell ausgehandelt.

Im Gegensatz zu einer Anfechtung, welche mit ex tunc Wirkung versehen ist, führt eine Rücktrittserklärung gemäß § 346 Absatz 1 BGB zu dem Entstehen eines Rückgewährschuldverhältnisses; dies bedeutet, dass das ursprüngliche Schuldverhältnis nicht erlischt, sondern vielmehr ex nunc ein Rückabwicklungsschuldverhältnis begründet wird.

Demzufolge ist bei dem Rücktritt vom Vertrag zu differenzieren.

Rücktritte, die auf einer Leistungsstörung beruhen, so beispielsweise der Rücktritt wegen nicht oder nicht vertragsgemäß erbrachter Leistung gemäß § 323 Absatz 1 BGB oder aber bei einem mangelhaften Kaufgegenstand gemäß §§ 437, 440, 323 und 326 Abs. 5 BGB, berühren dem Grunde nach lediglich die nicht der Risikosphäre des Maklers betreffende Vertragserfüllung der Hauptvertragsparteien. Demzufolge bleibt die Provisionspflicht bestehen.

Partiell anders ist dies in Bezug auf die Abfassung vertraglicher Rücktrittsrechte, die im Hauptvertrag niedergelegt wurden. Ist ein solches lediglich einem gesetzlichen Rücktrittsrecht nachgebildet bleibt es beim Provisionsanspruch. War allerdings zwischen den Parteien des Hauptvertrags vereinbart, dass das Rücktrittsrecht den Hauptvertrag in der Schwebe halten sollte – dies kann beispielsweise der Fall sein, wenn das Rücktrittsrecht an das Vorliegen einer Baugenehmigung oder aber Finanzierung geknüpft ist – ist diese Fallgestaltung der Vereinbarung einer aufschiebenden Bedingung gleichzusetzen. Dies hat dann zur Folge, dass der Provisionsanspruch erst dann entsteht, wenn das Rücktrittsrecht entweder nicht mehr ausgeübt werden kann oder aber auf die Ausübung verzichtet wird.

4.5.7 Widerrufsrecht bei Maklerverträgen

Aufmerksamkeit sollte ein Makler auf denjenigen Fallkonstellationen widmen, bei denen sein Vertrag entweder außerhalb von Geschäftsräumen gemäß § 312b BGB oder über den Fernabsatz gemäß § 312c BGB geschlossen wird.

Die §§ 312 ff. BGB finden Anwendung auf Verbraucherverträge, bei denen sich der Verbraucher zu der Zahlung eines Preises verpflichtet. Maklerverträge sind als solche zu qualifizieren. Geht der Makler daher mit einem Verbraucher ein Vertragsverhältnis ein, so finden die Vorschriften der §§ 312 ff. BGB Anwendung.

Die Legaldefinition des Verbrauchers ist in § 13 BGB enthalten. Danach unterfällt der Begrifflichkeit jede natürliche Person, die ein Rechtsgeschäft zu Zwecken abschließt, die überwiegend weder ihrer gewerblichen noch ihrer selbständigen beruflichen Tätigkeit zugerechnet werden können.

Gemäß § 312 g BGB steht einem Verbraucher bei außerhalb von Geschäftsräumen geschlossenen Verträgen und bei Fernabsatzverträgen ein Widerrufsrecht gemäß § 355 BGB zu, welches binnen einer Frist von 14 Tagen ab Vertragsschluss auszuüben ist. Allerdings beginnt die Widerrufsfrist gemäß § 356 Absatz 3 BGB nicht, bevor der Makler den Verbraucher entsprechend den Anforderungen des Artikels 246a § 1 Absatz 2 Satz 1 Nummer 1 oder des Artikels 246b § 2 Absatz 1 des Einführungsgesetzes zum Bürgerlichen Gesetzbuche unterrichtet hat. Das Widerrufsrecht erlischt spätestens zwölf Monate und 14 Tage nach dem in Absatz 2 oder § 355 Absatz 2 Satz 2 BGB genannten Zeitpunkt.

Danach sind Verbraucher und der Unternehmer an ihre auf den Abschluss des Vertrags gerichteten Willenserklärungen nicht mehr gebunden, wenn der Verbraucher seine Willenserklärung fristgerecht widerrufen hat. Der Widerruf erfolgt durch Erklärung gegenüber dem Unternehmer. Aus der Erklärung muss der Entschluss des Verbrauchers zum Widerruf des Vertrags eindeutig hervorgehen. Der Widerruf muss keine Begründung enthalten. Zur Fristwahrung genügt die rechtzeitige Absendung des Widerrufs.

Im Falle des Widerrufs sind die empfangenen Leistungen gemäß § 355 Absatz 3 Satz 1 BGB unverzüglich zurückzugewähren bzw. Wertersatz nach § 357a BGB zu leisten.

Ist demnach ein Maklervertrag mit dem Kunden gemäß §§ 312b, c BGB zustandegekommen und erbringt der Makler Leistungen vor Ablauf der Widerrufsfrist, steht ihm ein Provisionsanspruch nicht zu, auch wenn es infolge seiner Tätigkeit in Folge zu dem rechtswirksamen Abschluss des Hauptvertrages kommt.

Wie sich indes aus der Regelung des § 356 Absatz 4 Nr. 2 BGB ergibt, erlischt das Widerrufsrecht bei einem Vertrag, der den Verbraucher zur Zahlung eines Preises verpflichtet, mit der vollständigen Erbringung der Dienstleistung, wenn der Verbraucher vor Beginn der Erbringung.

a) ausdrücklich zugestimmt hat, dass der Unternehmer mit der Erbringung der Dienstleistung vor Ablauf der Widerrufsfrist beginnt,

b) bei einem außerhalb von Geschäftsräumen geschlossenen Vertrag die Zustimmung nach Buchstabe a auf einem dauerhaften Datenträger übermittelt hat und.

c) seine Kenntnis davon bestätigt hat, dass sein Widerrufsrecht mit vollständiger Vertragserfüllung durch den Unternehmer erlischt,

Dem Makler kann an dieser Stelle daher nur angeraten werden, entweder die Widerrufsfrist abzuwarten oder aber ein Erlöschen nach § 356 Absatz 4 Nr. 2 BGB herbeizuführen, um potenziellen Nachteilen zu begegnen.

4.6 Entfall der Courtage

Auch wenn zunächst ein wirksamer Courtageanspruch erstarkt ist, bedeutet dies nicht zwingend, dass ein solcher auch durchgesetzt werden kann, nachdem es insoweit auch zu einem nachträglichen Entfall, insbesondere wegen einer Doppeltätigkeit des Maklers kommen kann.

Gemäß § 654 BGB *(Verwirkung des Lohnanspruchs)* ist der Anspruch auf den Maklerlohn und den Ersatz von Aufwendungen ist ausgeschlossen, wenn der Makler dem Inhalt des Vertrags zuwider auch für den anderen Teil tätig gewesen ist.

Prinzipiell kommen daher drei verschiedene Fallgestaltungen zum Tragen.

Soweit eine Doppeltätigkeit in dem Maklervertrag ausgeschlossen wurde, der Makler gleichwohl vertragswidrig auch für die andere Partei tätig geworden ist, entfällt ein Provisionsanspruch. Ist demgegenüber eine vertraglicher Erlaubnis statuiert worden, muss zwischen der Art der Vereinbarung differenziert werden. Bei einer individualvertraglichen Abrede bleibt der Provisionsanspruch bestehen. Streitig ist demgegenüber ob eine solche Doppeltätigkeit im Rahmen Allgemeiner Geschäftsbedingungen überhaupt rechtswirksam vereinbart werden kann, sodass es dem Makler anzuraten ist, insoweit eine individualrechtlicher Vereinbarung zu treffen. Auch bei erlaubter Tätigkeit kann der Makler indes seinen Provisionsanspruch verlieren, wenn er seine aus dem Vertrag folgende allgemeine Neutralitätspflicht verletzt hat (Abb. 4.4).

Wurde in dem Maklervertrag keine Regelung stipuliert, ist zu differenzieren. Gerade im Immobiliengeschäft ist es üblich, dass Makler von beiden Parteien eine Provision erfordern. Sofern nicht die Sonderregelungen in den §§ 656c und 656d BGB sowie § 2 (1a) WoVermRG Platz greifen, ist auf die Art der Maklertätigkeit, dem Nachweis und dem Vermitteln, zu referenzieren.

Als pflichtwidrig ist eine Doppeltätigkeit des Maklers anzunehmen, wenn er durch selbige das Vertrauen und die Interessen seiner Auftraggeber verletzt), wobei die in der konkreten Fallgestaltung erbrachten Tätigkeiten und Umstände im Einzelfall betrachtet werden müssen.

Agiert der Makler für beide Parteien als Nachweismakler, ist dies isoliert für sich betrachtet noch nicht als Interessenkollision zu werten und bedarf daher weiterer gesonderter Umstände um eine solche als pflichtwidrig zu qualifizieren.

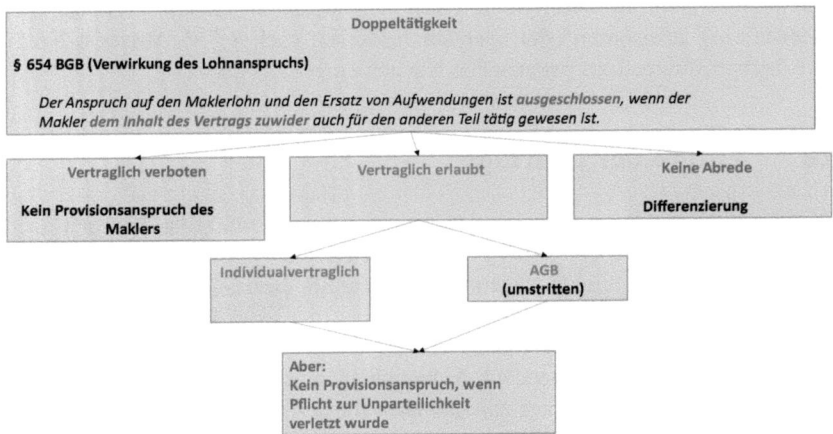

Abb. 4.4 Übersicht Doppeltätigkeit 1

Gleichsam unproblematisch erweist es sich, wenn der Makler für eine Partei als Nachweis- und die andere als Vermittlungsmakler auftritt, abseits etwaig konkreter pflichtwidriger Handlungen.

Agiert der Makler für beide Parteien als Vermittlungsmakler muss er vom Wesen des Vermittlungsauftrages auf den Willen der jeweiligen Vertragspartner einwirken, was sich als problematisch erweisen könnte. Gleichwohl wird von der höchstrichterlichen Rechtsprechung eine solche Gestaltung als rechtmäßig erachtet, wenngleich der Makler verpflichtet ist, seine Doppeltätigkeit beiden seiner Vertragspartner aufzudecken und selbstredend auch hier keine konkreten pflichtwidrigen Handlungen vorgenommen werden dürfen.

Sofern der Makler, wie in vorbezeichneter Fallgestaltung als Vermittlungsmakler tätig wird, aber bei einer Partei eine besondere Vertrauensstellung einnimmt, ist in der Regel von einer den Provisionsanspruch entfallen lassender Treuwidrigkeit auszugehen. Allenfalls kann eine derartige Doppeltätigkeit im Einzelfall in engen Grenzen als erlaubt anzusehen sein, wenn diese beiden Parteien gegenüber aufgedeckt wurde und sich der Makler darauf beschränkt, transparent und vollkommen neutral gegenüber beiden Parteien aufzutreten (Abb. 4.5).

4.7 Aufwendungsersatz

Keine Abrede
Ausgangsbasis
Doppeltätigkeit des Maklers grundsätzlich auch bei nicht vorliegender vertraglicher Gestattung erlaubt; insbesondere bei Immobilienmaklern ist dies üblich. Allerdings Differenzierung:
Nachweismakler & Nachweismakler = Zulässigkeit und Provisionsanspruch des Maklers; es sei denn **Verletzung Pflicht zur Unparteilichkeit**. Aber **Anspruchsverwirkung isoliert im Verhältnis zur jeweiligen Partei des Maklers zu prüfen**
Nachweismakler & Vermittlungsmakler = Zulässigkeit und Provisionsanspruch des Maklers; auch dann, **wenn dem Maklerkunden die Doppeltätigkeit des Maklers unbekannt war.** es sei denn Verletzung **Pflicht zur Unparteilichkeit. Aber Anspruchsverwirkung isoliert im Verhältnis zur jeweiligen Partei des Maklers zu prüfen**
Vermittlungsmakler & Vermittlungsmakler (zumindest im Immobiliensektor) = Zulässigkeit und Provisionsanspruch des Maklers; stets Offenlegung oder eindeutige Erkennbarkeit erforderlich. es sei denn Verletzung **Pflicht zur Unparteilichkeit. Anspruchsverwirkung isoliert im Verhältnis zur jeweiligen Partei des Maklers zu prüfen**
Vermittlungsmakler & Vermittlungsmakler (aber auf der einen Seite Vertrauensmakler) = Keine Zulässigkeit und Provisionsanspruch des Maklers; es sei denn Offenlegung der **Tätigkeit für die jeweils andere Seite und lediglich vermittelnde Tätigkeit als „ehrlicher Makler" zwischen beiden Seiten.**

Abb. 4.5 Übersicht Doppeltätigkeit 2

4.7 Aufwendungsersatz

Wie sich aus § 652 Absatz 2 BGB ergibt, sind dem Makler Aufwendungen nur zu ersetzen, wenn es vereinbart ist. Dies gilt auch dann, wenn ein Vertrag nicht zustande kommt.

Der Makler hat nach der gesetzlichen Grundgestaltung die ihm entstandenen Auslagen und Unkosten selbst zu tragen. Individualrechtliche Vereinbarungen, welche eine Erstattungspflicht statuieren sind, auch im Falle einer nicht zum Hauptvertrag führenden Tätigkeit, als möglich anzunehmen. Selbiges gilt auch für Vereinbarungen durch Allgemeine Geschäftsbedingungen, wenngleich hier zu attestieren ist, dass ein Maklerkunde gewöhnlich nur damit rechnet, eine Courtage für den Fall des Zustandekommen eines Geschäfts zu entrichten, sodass sich eine derartige Klausel möglicherweise als überraschend und gegen die §§ 305 ff. BGB verstoßend ausnehmen könnte.

Was Sie aus diesem *essential* mitnehmen können

- Wer im Immobiliengeschäft tätig ist, wird in den meisten Fällen auf die Einbindung von Maklern angewiesen sein, sodass es sich empfiehlt mit den grundlegenden rechtlichen Beziehungen zwischen Makler und Kunden vertraut zu sein.
- Nicht nur Makler, sondern auch die Kunden des Maklers haben ein grundsätzliches Interesse an der rechtssicheren Ausgestaltung von Entgeltregelungen im Maklervertrag, sei es bezogen auf die Courtage oder aber auf die Entrichtung von Aufwendungsersatz.
- Immobilienmakler werden nicht selten für beide Parteien des Hauptvertrages tätig, sodass die rechtssichere Ausgestaltung diesbezüglicher Verträge essentiell für die Courtageansprüche ist.
- Wer als Makler tätig werden will, hat eine Vielzahl gesetzlicher Regelungen, die weit über das Maklerrecht des BGB im engeren Sinne hinausreichen zu kennen, anderenfalls er sich mit zum Teil erheblichen Geldbußen konfrontiert werden kann.

MIX
Papier aus verantwortungsvollen Quellen
Paper from responsible sources
FSC® C105338

If you have any concerns about our products,
you can contact us on
ProductSafety@springernature.com

In case Publisher is established outside the EU,
the EU authorized representative is:
**Springer Nature Customer Service Center GmbH
Europaplatz 3, 69115 Heidelberg, Germany**

Printed by Libri Plureos GmbH
in Hamburg, Germany